12

12

ABOLITION
DE L'ESCLAVAGE
A LA GUADELOUPE

QUATRE MOIS DE GOUVERNEMENT DANS CETTE COLONIE.

ABOLITION

DE

L'ESCLAVAGE

A LA GUADELOUPE

QUATRE MOIS DE GOUVERNEMENT

DANS CETTE COLONIE

PAR Ad. GATINE

ANCIEN COMMISSAIRE GÉNÉRAL DE LA RÉPUBLIQUE A LA GUADELOUPE
ET DÉPENDANCES,
AVOCAT AU CONSEIL D'ÉTAT ET A LA COUR DE CASSATION.

PARIS

CHEZ FRANCE, LIBRAIRE,

QUAI MALAQUAIS, 15,

1849.

ABOLITION
DE L'ESCLAVAGE

A LA GUADELOUPE

ET QUATRE MOIS DE GOUVERNEMENT DANS CETTE COLONIE.

——————

L'un des événements historiques de l'année 1848, l'abolition de l'esclavage dans les colonies françaises, a laissé encore des devoirs aux abolitionistes : en premier lieu, celui de substituer aux impostures et aux fausses appréciations la vérité qui ne perd jamais ses droits. D'autre part, l'étude des faits subséquents est nécessaire pour le plein succès, pour la plus grande gloire de l'émancipation. Enfin, les hommes qui, pour l'accomplir, furent chargés d'une haute et spéciale mission, en doivent compte à leur pays. — Tels sont les motifs qui déterminent la publication de cet écrit concernant particulièrement celle des colonies de la France qui comptait le plus grand nombre d'esclaves, et dont les exportations sont les plus considérables.

Coup-d'œil rétrospectif. —Acte d'émancipation et décrets organiques du régime libre.

Depuis longtemps la cause des noirs était gagnée en France. L'idée abolitioniste s'était formulée d'a-

1

bord dans des propositions prises en considération par la Chambre élective [1], puis dans les travaux de la commission de Broglie. Elle avait ses orateurs : les Isambert, les V. de Tracy, les Odilon Barrot, les Passy, les Dupin aîné, les Lamartine, les Tocqueville, les Rémusat, les Ledru-Rollin, les J. Lasteyrie, les Ternaux-Compans, les Montalembert, les Beugnot; — ses publicistes, ses écrivains, ses défenseurs au barreau ou dans la presse, ses ouvriers de la première et de la dernière heure, MM. V. Schœlcher, G. de Beaumont, Carnot, Rouvellat de Cussac, G. de Félice, Agénor de Gasparin, Dufau, Dutrône, Houat (de l'île de la Réunion), Perrinon et Pory-Papy (de la Martinique), Jules Favre, Ad. Gatine, et leurs auxiliaires parmi les aînés de la liberté aux Antilles [2]; — ses apôtres chrétiens, les préfets apostoliques Dugoujon et Castelli, l'abbé Moussa.—Elle eut ses grands monuments judiciaires, les arrêts libérateurs de la Cour de cassation, rendus sous la présidence de M. Portalis, les jugements des Meynier, des Hardouin, des Jouannet, des Delannoise. — Avant tout, elle avait eu ses martyrs, Fabien, Bissette, qui furent aussi ses avocats improvisés par le supplice [3]. — En un mot,

(1) Celles de MM. Passy et de Tracy qui datent de 1838 et 1839. Elles avaient pour base l'émancipation des enfants à naître et le droit de rachat. Elles ont donné lieu aux deux rapports remarquables de MM. de Tocqueville et Rémusat. Si elles avaient été converties en loi, l'émancipation se serait trouvée accomplie en grande partie lors de la révolution de février.

(2) Il y aurait beaucoup de noms à citer ici ; le temps n'en est peut-être pas encore venu.

(3) MM. Fabien et Bissette furent condamnés en 1823 aux tra-

dans tous les partis, dans toutes les opinions, elle eut des séductions pour les plus grands esprits, pour les plus nobles cœurs, pour tous les dévouements généreux.

Mais vainement le principe victorieux était passé de la main des philosophes, des négrophiles et des législateurs dans celle des hommes d'État. L'ancien gouvernement avait adopté un système bâtard de *préparation* et d'*amélioration*, comme si tous les compromis avec l'esclavage n'étaient pas impuissants ! comme si la condition de l'esclave pouvait s'améliorer, tant que la propriété-homme est consacrée par la loi, avec ses conséquences forcées, le travail sans salaire, la privation d'instruction religieuse et élémentaire, la séparation de la famille, la promiscuité, les châtiments inhumains et dégradants !

Les lois Mackau, dernière expression de ce système, n'eurent d'autre avantage que de rendre le régime servile intolérable aux maîtres eux-mêmes, qui, cependant, semblaient les avoir acceptées en dernier lieu, sous le bénéfice de l'ajournement qui pouvait en résulter.[1]

vaux forcés, à la déportation et à la marque pour avoir lu et fait lire à leurs amis la brochure intitulée : *De la situation des hommes de couleur aux Antilles*, attribuée au *marquis de Sainte-Croix*. Ils furent marqués par le bourreau, nonobstant leur pourvoi en cassation, sur lequel M. Isambert fit ensuite annuler cette monstrueuse condamnation. — C'est de l'histoire contemporaine !

(1) Telle paraît être la pensée d'une brochure de M. Jollivet intitulée : *Politique de la France et des colonies sur l'émancipation des noirs.*

Au lendemain d'une révolution qui rétablit en France la république, il ne pouvait plus être question *d'émancipation progressive;* la liberté immédiate et absolue était une conséquence directe des principes républicains; c'était l'urgente réparation d'une des plus odieuses iniquités du passé.

Par un décret du 4 mars, le Gouvernement provisoire fit cette déclaration solennelle : « Nulle terre française ne peut plus porter d'esclaves. »

En même temps une commission était instituée pour préparer dans le plus bref délai l'acte d'émancipation immédiate dans toutes les colonies de la république [1].

Ses membres furent MM. V. Schœlcher, sous-secrétaire d'État de la marine et des colonies, président. — Mestro, directeur des colonies. — Perrinon, chef de bataillon de l'artillerie de marine. — Gatine, avocat au conseil d'État et à la Cour de cassation. — Gaumont, ouvrier horloger. — Wallon, professeur d'histoire à la faculté des lettres, secrétaire. — Percin, secrétaire adjoint.

Cette commission se mit aussitôt à l'œuvre. Chaque jour de sursis à la délivrance annoncée pouvait compromettre la sécurité des colonies. Cependant quelques hommes ne craignirent pas d'arrêter par des efforts finalement impuissants la sanction dont le Gouvernement provisoire devait revêtir les quinze projets qui lui furent remis dès la fin de mars.

Enfin le 27 AVRIL, date mémorable et glorieuse,

(1) Décret du 4 mars.

cette sanction fut donnée: la nation souveraine avait prononcé son irrévocable arrêt contre le crime social de l'esclavage. Voici le décret d'émancipation :

RÉPUBLIQUE FRANÇAISE.

Liberté, Egalité, Fraternité.

Au nom du peuple français,

Le Gouvernement provisoire,

Considérant que l'esclavage est un attentat contre la dignité humaine,

Qu'en détruisant le libre arbitre de l'homme, il supprime le principe naturel du droit et du devoir,

Qu'il est une violation flagrante du dogme républicain : Liberté, égalité, fraternité,

Considérant que si des mesures effectives ne suivaient pas de très près la proclamation déjà faite du principe de l'abolition, il en pourrait résulter dans les colonies les plus déplorables désordres,

Décrète :

ART. 1er. L'esclavage sera entièrement aboli dans toutes les colonies et possessions françaises, deux mois après la promulgation du présent décret dans chacune d'elles. A partir de la promulgation du présent décret dans les colonies, tout châtiment corporel, toute vente de personnes non libres, seront absolument interdits.[1]

---

(1) Par suite de la proclamation antérieure de la liberté, cet article a été promulgué à la Guadeloupe dans les termes suivants : — L'ESCLAVAGE EST ENTIÈREMENT ABOLI DANS TOUTES LES COLONIES ET POSSESSIONS FRANÇAISES.

Art. 2. Le système d'engagement à temps établi au Sénégal est supprimé.

Art. 3. Les gouverneurs ou commissaires généraux de la République sont chargés d'appliquer l'ensemble des mesures propres à assurer la liberté à la Martinique, à la Guadeloupe et dépendances, à l'île de la Réunion, à la Guyane, au Sénégal et autres établissements français de la côte occidentale d'Afrique, à l'île Mayotte et dépendances, et en Algérie.

Art. 4. Sont amnistiés les anciens esclaves condamnés à des peines afflictives ou correctionnelles pour des faits qui, imputés à des hommes libres, n'auraient point entraîné ces châtiments. Sont rappelés les individus déportés par mesure administrative.

Art. 5. L'Assemblée nationale réglera la quotité de l'indemnité qui devra être accordée aux colons.

Art. 6. Les colonies purifiées de la servitude et les possessions de l'Inde seront représentées à l'Assemblée nationale.

Art. 7. Le principe que le sol de la France affranchit l'esclave qui le touche est appliqué aux colonies et possessions de la République.

Art. 8. A l'avenir, même en pays étranger, il est interdit à tout Français de posséder, d'acheter ou de vendre des esclaves, et de participer, soit directement, soit indirectement, à tout trafic ou exploitation de ce genre. Toute infraction à ces dispositions entraînera la perte de la qualité de citoyen français.

—Néanmoins les Français qui se trouveront atteints par ces prohibitions, au moment de la promulgation du présent décret, auront un délai de trois ans pour s'y conformer. Ceux qui deviendront possesseurs d'esclaves en pays étrangers, par héritage, don ou mariage, devront, sous la même peine, les affranchir ou les aliéner dans le même délai, à partir du jour où leur possession aura commencé.

ART. 9. Le ministre de la marine et des colonies et le ministre de la guerre sont chargés, chacun en ce qui le concerne, de l'exécution du présent décret

Fait à Paris, en conseil de Gouvernement, le 27 avril 1848.

Les membres du Gouvernement provisoire,

DUPONT (DE L'EURE), LAMARTINE, ARMAND MAR-RAST, GARNIER-PAGÈS, ALBERT, MARIE, LE-DRU-ROLLIN, FLOCON, CRÉMIEUX, LOUIS BLANC, ARAGO.

Le secrétaire général du Gouvernement provisoire,

PAGNERRE.

Quatorze autres décrets, sous la même date du 27 avril, pourvurent à l'organisation du régime libre.

Choix des commissaires généraux.

Le gouvernement eut à désigner sans retard les commissaires généraux qui devaient être envoyés notamment à la Martinique et à la Guadeloupe pour y porter les décrets libérateurs, et réorganiser ces deux importantes colonies. Ils furent pris naturellement dans le sein de la commission où s'étaient élaborées les mesures qu'il s'agissait de mettre en application.

A la Martinique on donna un de ses enfants, issu

ces races déshéritées, pourvu d'un grade supérieur dans l'arme savante de l'artillerie, défenseur ardent et en même temps éclairé de la cause de ses frères, prédestiné sans doute à prendre une large part au triomphe de cette cause.

Pour la Guadeloupe, les vues du gouvernement se portèrent sur un Européen familiarisé dès longtemps avec les questions coloniales, dans les luttes du barreau et de la presse, vieil athlète des réformes sociales et politiques aux colonies, alliant l'abnégation à l'indépendance. Un grand nombre de familles lui devaient des libertés conquises par arrêt pendant les années qui précédèrent l'émancipation générale, et bien souvent il avait combattu avec succès les oppressions administratives ou judiciaires des mauvais jours [1].

L'influence qui détermina principalement ces choix fut celle du sous-secrétaire d'État de la marine et des colonies; mais ils furent faits uniquement en vue de la mission toute particulière qu'il s'agissait de remplir, sans aucunes préoccupations politiques ou personnelles. Il ne fut permis à personne d'en douter, si ce n'est aux hommes qui calomnièrent M. Schœlcher en proportion des services qu'il put rendre alors à l'émancipation, et avec lui les commissaires généraux en proportion de leur dévouement à l'œuvre commune de tous les abolitionistes.

Grâce à leurs antécédents, les commissaires géné-

_____

(1) *Pièces justificatives*, n. 1.

raux pouvaient compter sur le concours des populations coloniales. Ceux-là même qui ne les auraient pas choisis sans doute s'estimèrent pourtant heureux de n'avoir pas de pires proconsuls réunissant à la fois les pouvoirs des gouverneurs et des conseils coloniaux supprimés. C'est du moins ainsi que paraissent devoir s'expliquer aujourd'hui quelques-unes des démarches faites à Paris auprès du commissaire général désigné pour la Guadeloupe, en même temps que d'autres uniquement déterminées par la franchise et la loyauté des hommes honorables qui les firent.

Pourquoi le dissimulerait-on? ces démarches, ces manifestations, ne furent pas sans influence sur une résolution que de grands sacrifices tenaient en suspens. La confiance de tous promettant d'aplanir les principales difficultés, le commissaire général n'hésita plus.

Il partit le 8 mai, à bord de la frégate à vapeur *le Chaptal*, avec son collègue de la Martinique.

Politique à suivre.

Avant tout, quelle devait être la politique de l'administration nouvelle aux colonies, à la Guadeloupe en particulier? Ce fut un premier et grave sujet de méditation.

La République avait surpris les sociétés coloniales dans l'état de division que l'esclavage et les anciens préjugés y ont entretenu jusqu'à présent. La *fusion* parut être leur premier besoin; il y eut des banquets *fusionistes*, le mot de fraternité fut sur toutes les lèvres : était-il dans tous les cœurs? Il y eut des *poignées de main provisoires*, comme on a dit plus tard. Dans cet état de choses, l'équilibre et la conciliation de tous les intérêts semblaient être le vœu général.

Le temps n'était-il pas venu en effet de rompre enfin avec les traditions du passé? L'envoyé de la République avait pour mission de faire prévaloir aux colonies le principe de la fraternité humaine. Il avait à organiser le travail sur la base de l'*association*, c'est-à-dire de la fraternité entre propriétaires et travailleurs. Pour tous, il devait assurer le règne de la justice et des lois. Quelque chose de grand et d'inconnu aux populations coloniales, l'esprit public, devait naître au milieu d'elles, sous le souffle puissant d'une révolution radicale, et remplacer les rivalités de castes. Entre des éléments bientôt réunis et confondus, plus d'exclusions possibles. Oh ! sans doute, en expiation du passé, des dominateurs nouveaux pouvaient se substituer aux privilégiés d'autrefois. Mais dans cet égoïsme et dans ce froissement de la victoire, les colonies ne resteraient-elles pas livrées à la tourmente, au lieu de prendre enfin leur assiette et de prospérer? L'avenir social et politique des vainqueurs en serait-il mieux assuré contre les réactions? La prépondérance d'une classe sur les autres ne devait-elle pas faire obstacle à la confiance générale, à la sécurité de tous, à la consolidation de la liberté, au succès enfin de l'émancipation? Le commissaire général apportait aux colonies ses vieilles et vivaces sympathies pour les opprimés du détestable régime qui a pesé sur ces beaux pays si favorisés par la nature, si déshérités par les institutions. Mais simple abolitioniste jusque-là, il devenait gouverneur d'une importante colonie dont les destinées étaient confiées à son patriotisme. Ce qu'il devait se proposer et vouloir avant tout, c'était une émancipation modèle où tous les intérêts trouvassent satisfaction, et qui pût obtenir des applaudissements unanimes dans la colonie et dans la métropole. C'est sous l'influence de ces pensées que le commissaire général résolut de pratiquer dans son gouvernement la politique de conciliation.

Cette politique était au reste expressément prescrite par une dépêche ministérielle qui a précédé le départ des commissaires généraux et dans laquelle on lit ceci : « Personne ne méconnaîtra la nécessité d'attendre l'émancipation et de s'y préparer dans une attitude de calme et de concorde fraternelle. *Toutes les classes de la population coloniale doivent compter de la part du gouvernement républicain sur une égale sollicitude, sur une ferme volonté de protéger tous les intérêts* dans les limites du droit et de la liberté [1]. »

Arrivée du commissaire général à la Guadeloupe. — Sa réception. — Gravité des circonstances.

Le commissaire général arriva le 5 juin à la Basse-

---

(1) Cette dépêche est du 14 mars et signée : Schœlcher, sous secrétaire d'État. Elle a été publiée et affichée dans les colonies, ainsi qu'elle-même le prescrivait.

Terre, et il y fut accueilli avec enthousiasme. Le *Moniteur* put résumer avec vérité, par ce mot qui lui est emprunté, des manifestations qui succédaient naturellement aux anxiétés du provisoire dans une situation sans analogue[1].

Les circonstances étaient graves. Tout récemment dans l'île voisine et sœur, à la Martinique, avaient éclaté les sombres drames de Saint-Pierre et du Prêcheur, scènes de meurtre et d'incendie, à jamais déplorables, qui furent du reste mal connues en France, et que l'histoire de l'émancipation martiniquaise expliquera sans doute. Sous la pression de ces événements qui n'eurent pas néanmoins de contre-coup redoutable à la Guadeloupe, la liberté avait fait explosion dans les deux îles, sans attendre l'arrivée des commissaires généraux. Elle avait été proclamée par arrêtés des gouverneurs en conseil privé[2], comme conséquence du décret du 4 mars, pour dégager par avance une parole donnée qui ne pouvait faillir, car c'était la France qui l'avait donnée. Amère déception de la fortune qui portait un coup fatal à la puissance des envoyés de la République, en diminuant peut-être le prestige de leur mission, en les plaçant dans des conditions imprévues! Ils pouvaient arriver trois semaines plus tôt, avant l'heure terrible où l'impatience s'agite et veut des représailles. Personne n'ignore les funestes influences qui mendièrent et obtinrent des retards, au risque d'assumer une si grande

(1) Voir *Pièces justificatives*, n. 2.
(2) Arrêté du 27 mai, à la Guadeloupe. *Gazette officielle*, n. 30.

responsabilité et de perdre à tout jamais peut-être les colonies.

Les premières paroles que prononça le commissaire général, en présence des autorités administratives et judiciaires, des chefs de la milice et de l'armée réunis pour sa réception, furent empreintes du sentiment de cette situation :

« J'arrive au milieu de vous, trop ému de l'œuvre que nous allons accomplir ensemble, et de vos témoignages de sympathie, pour vous exprimer dignement tout ce qui est dans mon cœur, dans ma pensée, dans mes intentions.

« Je croyais descendre sur une terre d'esclavage et je mets le pied sur une terre de liberté. De tous les faits accomplis, il n'en est pas de plus acceptable assurément que cette anticipation de la délivrance de nos frères noirs. Homme et abolitioniste, je m'en réjouis. Représentant de la République, je dois réserver les droits de la souveraineté nationale... Plus heureuse que la Martinique, votre belle Guadeloupe n'a pas eu du moins à déplorer des malheurs publics. Grâces en soient rendues à vos populations et au digne chef qui avait à si juste titre leur confiance[1].

« Dès ce jour, commence la lourde tâche confiée à mon dévouement. Le concours et le patriotisme de tous seront nécessaires. Je suis trop heureux des cordiales protestations qui m'accueillent, et j'y pui-

(1) M. le gouverneur Layrle, dont l'administration sage et amie du progrès fut une heureuse interposition entre le régime servile qui s'en allait, et le régime libre dont l'heure allait enfin sonner.

serai la force dont j'ai besoin pour l'accomplissement des grands desseins de la République. »

Dans la journée même du 5 juin une proclamation fut publiée.

Le commissaire général y rappela d'abord que le patriotisme de la Guadeloupe avait tressailli au contre-coup électrique des événements accomplis dans la métropole, et que ses habitants avaient salué avec enthousiasme le réveil de la République française, applaudissant ainsi eux-mêmes à la destruction du vieux système colonial.

En effet, cet onéreux et triste héritage du passé n'avait-il pas conduit les colonies, des priviléges les plus exorbitants, à la décadence, et bientôt à la ruine ? Cette odieuse exploitation de l'homme noir par l'homme blanc, qui faisait saigner le cœur et rougir le front de notre noble et généreuse France, n'était-ce pas une servitude pour les colons eux-mêmes ?... Tous, maîtres et esclaves, furent affranchis en même temps par les décrets que le commissaire général leur apportait. La proclamation ajouta :

« Ces actes de souveraineté nationale vont couvrir solennellement le fait désormais accompli dans cette colonie. La République ne peut désavouer la délivrance de nos frères noirs par anticipation ; son envoyé aime mieux y reconnaître les tendances progressives de cette colonie, où des manifestations récentes qui ne s'élevaient pas, il est vrai, à la hauteur d'un sacrifice absolu, ne furent pas cependant sans initiative, ni sans générosité [1].

(1) En 1847, à la suite des mémorables séances de la Chambre

« Salut donc à la liberté irrévocablement acquise aujourd'hui par la double consécration du fait et du droit ! salut à l'ère nouvelle de prospérité que promet votre régénération sociale ! Le travail réhabilité en sera la plus sûre garantie. C'est par le travail, frères noirs, que se manifestera votre reconnaissance envers vos vrais amis, envers vos libérateurs. Par le travail, et par l'ordre dans la liberté, vous conserverez à la France ses colonies ; la République ellemême y aidera par sa munificence : elle est assez puissante, et elle a été assez généreuse pour prononcer hautement le mot *d'indemnité* que la monarchie aurait à peine osé balbutier. Elle sera, soyez-en sûrs, plus coloniale que tous les gouvernements déchus,

des députés du 24 et du 26 avril, le conseil colonial de la Guadeloupe abandonna la politique de résistance qui fut suivie jusqu'au bout par la Martinique. Une adresse *du roi* fut votée. On y lisait : « Le conseil colonial de la Guadeloupe veut s'associer à la pensée de la France... Il vient offrir à Votre Majesté, au nom du pays, de marcher avec elle dans la voie de l'émancipation... Déjà une commission a été nommée par le conseil ; elle a pour mission de préparer un plan qui, dans la vue de la transformation sociale des colonies, aurait pour objet le maintien du travail et pour base le principe *de l'association*. » — (*L'Abolitioniste français*, 1847, p. 408.)

Dans ce plan, l'association *était forcée* de la part du travailleur ; c'était beaucoup moins une émancipation qu'un nouvel esclavage déguisé. En l'analysant, on y retrouve la pensée *du travail forcé* qui préoccupe toujours les esprits les plus malades aux colonies. La proclamation du commissaire général ne peut louer sans restriction le concours que le conseil colonial de la Guadeloupe avait ainsi offert au gouvernement métropolitain, *pour marcher avec lui dans la voie de l'émancipation*.

parce qu'elle ne transigera pas comme eux sur notre part légitime de l'empire des mers.

« LIBERTÉ, ÉGALITÉ, FRATERNITÉ ! c'est aux colonies surtout que cette sublime formule républicaine doit déterminer les droits et les devoirs des citoyens. Désormais, tous, sans distinction, vous jouissez des droits civils et politiques. Plus d'intérêts de caste, plus de priviléges, mais seulement des *intérêts coloniaux* placés sous la tutelle du droit commun et défendus dans l'Assemblée nationale par des représentants que vous allez élire sans retard.

« Citoyens ! un labeur immense m'est échu providentiellement, but suprême et salaire de ma vie ! Mon vieux dévouement à la cause des réformes coloniales vient se retremper au milieu de vous. Puissent vos sympathies et votre concours centupler mes forces au profit de notre œuvre, au profit de l'humanité, de la civilisation, et du bonheur de tous dans cette belle colonie ! »

Ce programme était un engagement d'honneur envers tous les intérêts légitimes. C'était l'expression de la politique conciliatrice, mais ferme, libérale et progressive, arrêtée dans la pensée du commissaire général ; il voulut constamment la suivre avec la fidélité d'un soldat pour son drapeau.

Promulgation des décrets. — Enthousiasme des émancipés. — Fugitifs aux îles anglaises. — Ile St-Martin.

Aussitôt après sa réception, le commissaire général, suivi du cortége officiel et de la population tout entière, s'était rendu au palais de justice pour y faire promulguer les décrets, voulant qu'à l'instant même où il mettait le pied sur le sol de la Guadeloupe, cette terre fût légalement purifiée de la servitude. Là, en séance solennelle de l'une de ces cours coloniales où *Virginie* et tant d'autres plaidant pour leur liberté avaient échoué avant de triompher en Cour de cassation, ce fut leur défenseur qui vint, providentiellement sans doute, tenir *un lit de justice* pour l'enregistrement de l'acte d'émancipation [1] !

« Magistrats et citoyens, dit-il, je vous apporte les décrets de la mère-patrie pour l'abolition de l'esclavage et l'organisation de la liberté générale. Jamais circonstances plus graves et plus solennelles n'ont provoqué la réunion des dépositaires de la justice dans ce pays..... La justice, fondement des sociétés ! l'esclavage en était une criminelle dénégation !... La France s'en indignait, et les colonies elles-mêmes périssaient par cet odieux privilége. C'est le droit commun, c'est la liberté qui les sauvera. Les décrets qui vont être promulgués sont le premier pas de retour au droit commun, pas de géant que la Ré-

---

(1) Dans cette cour, brillait par son absence un des plus dignes magistrats de notre temps, M. Rouvellat de Cussac, ancien conseiller à la Guadeloupe et à la Martinique, l'un des rares protecteurs *des libertés de l'article 47*, l'auteur d'une des publications les plus utiles à la cause de l'émancipation, citée à la tribune législative : *Situation des esclaves dans les colonies françaises, Urgence de l'émancipation* (1845), avec cette épigraphe, qui explique l'autorité de l'auteur et du livre : *Quæque ipse miserrima vidi.*

publique seule a pu faire dans la force infinie que son gouvernement provisoire a puisée au cœur de la nation... En recevant ses lois, apprenez à l'aimer, à la servir avec le dévouement et le patriotisme qu'elle attend de tous les bons citoyens. »

La proclamation de l'indépendance ne trouva pas froides ou indifférentes ces populations *si heureuses dans l'esclavage !* Cet audacieux sophisme fut étouffé dans des hurrahs immenses. Parmi les 90,000 esclaves de la Guadeloupe, pas un qui protestât ! pas un qui voulût retenir les félicités de la servitude !

Plus tard, les fugitifs aux colonies anglaises [1] revinrent, dès qu'ils purent rentrer sur des terres libres.

A Saint-Martin, l'évasion générale des esclaves hollandais sur la partie française parut imminente, et le commissaire général dut adresser au gouverneur pour la Hollande cette dépêche :

Monsieur le gouverneur,

« La France vient d'accomplir un grand acte de réparation envers nos frères noirs. Par décret du 27 avril dernier, l'esclavage est aboli dans toutes les colonies françaises. Je dois vous signaler spécialement les conséquences de cet acte législatif, à raison du partage de souveraineté qui existe dans l'île Saint-Martin.

---

(1) On en a compté jusqu'à 800 environ à la Dominique seulement.

« Les anciens esclaves de la partie française ont immédiatement recouvré leurs droits d'hommes libres et de citoyens. Ils sont assurés, la République n'en doute pas, d'être traités comme tels, sur les terres de la Hollande, comme en tout pays étranger.

« En outre, l'art. 7 du décret porte : « Le principe « que le sol de la France affranchit l'esclave qui le « touche est appliqué aux colonies et possessions de « la République. »

« Cette disposition intéresse particulièrement les colons hollandais de Saint-Martin. Elle aura pour effet de rendre libres tous esclaves qui de votre territoire passeront sur le nôtre, tous ceux aussi qui, placés à bord des navires caboteurs ou autres, débarqueraient dans nos ports ou sur nos côtes.

« La République ne veut pas faire le sacrifice de sa loyauté et de ses bons rapports avec une puissance amie, même au profit de la sainte cause qui triomphe désormais dans les colonies françaises ; mais elle ne doit pas fléchir dans l'application de son principe. Elle ne pourra donc consentir à aucune revendication d'esclaves fugitifs ou *marrons* se trouvant dans les parties de l'île Saint-Martin qui appartiennent à la France, ni permettre contre eux l'emploi d'aucune contrainte pour les faire rentrer en servitude.

« Puisse, au reste, l'exemple de la France et de l'Angleterre porter ses fruits. Puisse l'île Saint-Martin tout entière n'avoir bientôt pour habitants que des hommes libres et frères. Ce vœu, votre généreuse nation est digne de l'entendre et de l'accomplir.

« Salut et fraternité.

« *Le Commissaire général de la République française
à la Guadeloupe et dépendances,*

« AD. GATINE [1]. »

Deux arrêtés successifs pourvurent à l'application
du décret portant amnistie au profit des anciens esclaves condamnés à des peines afflictives ou correctionnelles pour des faits qui, imputés à des hommes
libres, n'auraient pas entraîné ces châtiments. Les amnistiés furent au nombre de quatorze [2]. Il fallait effacer jusque dans les prisons les vestiges de l'esclavage.

**Finances. — Organisation administrative. — Conseil privé.
— État civil des affranchis. — Listes électorales. —
Bourses.**

Le grand devoir de l'abolition était accompli ;
l'œuvre d'organisation commença sans retard.

Les décrets réservaient un délai de deux mois,
pendant lequel s'achèverait la récolte et serait préparée la régulière transition du régime servile au régime libre. Vaines prévisions ! le gouvernement
nouveau se trouva jeté subitement au milieu des agitations et de l'ivresse qui avaient inévitablement précédé ou suivi l'affranchissement anticipé.

Les affaires administratives chômaient comme le

(1) *Gazette officielle de la Guadeloupe,* 1848, n° 34.
(2) *Gazette officielle,* n° 35.

travail rural, et cela par la force même des choses, sans qu'il s'agisse ici d'inculper les administrateurs. Le trésor ne recevait pas un centime; les rôles n'avaient pas même été mis en recouvrement, au mois de juin, lors de l'arrivée du commissaire général. Les dépenses n'en avaient pas moins suivi leur cours ordinaire; et, en cet état de choses, tous les services publics étaient menacés de prochaine suspension. Le commissaire général avait apporté des traites sur le trésor national (1,100,000 fr.); mais la crise commerciale ne permettait pas de les négocier, comme de coutume, soit dans la colonie, soit dans les îles étrangères. Il obtint assistance de son collègue de la Martinique, qui put prêter à la Guadeloupe 200,000 francs en numéraire; et il s'occupa des mesures les plus urgentes à prendre, en concours avec le conseil privé.

Ce conseil étant provisoirement la seule représentation de la colonie, le commissaire général voulut en modifier la composition afin d'y admettre des hommes nouveaux. Les citoyens Sainval-Noël, Luc Rousseau, Lavollée, de la Basse-Terre; Belleroche, Ant. Jouannet, Sylvestre Télémaque, de la Pointe-à-Pitre, devinrent les conseillers du gouvernement local, en même temps que les citoyens général Ambert, Laurichesse, Darasse, Brunet, nouvellement appelés, et les citoyens Bonnet, Lignières, Champy, Mollenthiel, anciens membres.

Des premières délibérations sortirent une série d'arrêtés portant modification du budget des recettes et du budget des dépenses, ou réglant la perception des impôts, et d'autres objets: — régime alimentaire des prisons ; — listes électorales ; — état civil des nouveaux citoyens ; — composition nouvelle du collége des assesseurs, où devaient entrer les citoyens exclus jusque-là ; — cadre du personnel de l'administration intérieure ; — suppression de la chaîne pour les femmes ou filles condamnées aux travaux forcés ; — création de bourses au pensionnat de Saint-Joseph ; — nominations de maires et adjoints [1].

Descentes à la Capesterre, à la Pointe-à-Pitre, à Marie-Galante, aux Vieux-Habitants. — Premières calomnies.

En même temps le commissaire général paraissait sur différents points de la colonie, à la Capesterre d'abord, où s'étaient manifestées quelques émotions qui furent aussitôt apaisées par sa présence et son intervention entre les propriétaires et les travailleurs. Le contrat qu'il fit accepter aux uns et aux autres est un de ceux qui ont été suivis de la plus loyale exécution et des meilleurs résultats. La ville de la Pointe-à-Pitre, métropole commerciale de la colonie, l'île de Marie-Galante, les Vieux Habitants, furent ensuite successivement visités par le commissaire général.

Cependant, malgré tous ces travaux administratifs et ces déplacements qui avaient absorbé forcément les premiers jours, déjà les propriétaires de la grande terre, ou du moins, en leur nom, les journaux de la Pointe-à-Pitre exprimaient des impatiences

(1) Nombreux arrêtés des 9 et 27 juin. *Gazette officielle*, n°° 33, 35, 36, 37.

malveillantes. Il fallait que le commissaire général, à peine arrivé, fût partout à la fois, qu'il eût visité en quinze jours toutes les îles, leurs trente-deux communes, les neuf cents habitations, tout en présidant le Conseil privé au chef-lieu et en faisant face aux nécessités d'une situation financière et administrative si critique. Dès lors se manifestèrent les premiers symptômes d'opposition hostile. Il se rencontra des hommes assez ineptes pour écrire en France que le commissaire général passait son temps à jouer au billard avec des nègres et des mulâtres; et des journaux pour reproduire cette pitoyable fable. D'autres annonçaient que le commissaire général n'était venu que pour se faire élire représentant; et cette calomnie était effrontément expédiée aux mêmes journaux, lorsque le commissaire général faisait publier ceci dans la *Gazette officielle* : « Puisse le pays n'avoir « que l'embarras du choix... Une seule exclusion « nous paraît nécessaire; c'est celle *des administra-* « *teurs du pays*, en remontant au besoin *jusqu'au pre-* « *mier échelon*. Les positions nettes sont toujours les « plus honorables et les meilleures [1]. »

Certes, le gouvernement d'une colonie comme la Guadeloupe n'était pas une sinécure dans les circonstances où le commissaire général en fut investi. Il s'est agi de reprendre en sous-œuvre et de reconstruire sur ses bases nouvelles tout le vieil édifice colonial. Cette œuvre exigeait force physique et morale, science de la législation et de l'administration,

(1) *Gazette officielle* du 10 juillet, nº 38.

connaissance spéciale des hommes et des choses de ce monde à part et si étrange, véritable chaos à débrouiller, au milieu d'un ouragan politique et d'une crise financière et commerciale. La Guadeloupe put au moins compter sur un dévouement de chaque jour et de chaque instant, qui n'a jamais failli. Le commissaire général a pu défier la calomnie sur ce point comme sur tout le reste.

Personnel de l'administration.

Mais l'activité du chef n'est pas tout : le concours franc et loyal des subordonnés n'est pas moins nécessaire. Ici, plus d'une conscience peut s'interroger. Les épurations, nécessité de tout régime nouveau, n'avaient pas atteint dans une mesure suffisante le personnel administratif, et on peut dire en général que les fonctionnaires de l'esclavage ne devaient pas être ceux de la liberté.

D'autre part, des obstacles de même nature se rencontrèrent tout à fait inattendus. L'un des chefs d'administration, fonctionnaire nouveau, se rendit bientôt impossible. Après plusieurs séances du Conseil privé tenues à la Pointe-à-Pitre, il avait publiquement annoncé sa démission. Il ne la réalisa pas cependant; et, par suite, il dut être invité à passer en France pour y rendre compte de sa conduite au ministre de la marine et des colonies, sous l'offre toutefois de s'expliquer préalablement devant le Conseil privé dans les termes de l'article 79 de l'ordonnance du 9 février 1827 sur le gouvernement de la Martinique et de la Guadeloupe, ce qu'il refusa, préférant partir sans réclamation.

La législation spéciale des colonies autorise expressément cette élimination du fonctionnaire impossible, et il y avait eu nécessité impérieuse, inexorable, d'agir ainsi, à moins que le commissaire général ne subordonnât ses vues à celle d'un des agents de son gouvernement, à moins qu'il ne tolérât l'anarchie dans le pouvoir, et n'abdiquât la politique conciliatrice dans laquelle il croyait voir le salut du pays et le succès de sa mission.

Mais presque inévitablement, aux yeux de la foule et des partis, embarquer un homme, c'est embarquer un principe. C'est un fait toujours grave dont les partis s'emparent, victoire pour les uns, échec pour les autres. L'aristocratie coloniale se montra satisfaite ; c'en fut assez pour donner cours aux suppositions et faire croire à des influences fabuleuses, qui pénétraient, comme les fantômes, pendant la nuit, auprès du commissaire général. En réalité, il n'y eut qu'un acte purement administratif, nullement politique dans le sens des partis ; un acte de pleine indépendance et de propre mouvement, accompli, tout pénible qu'il fût, avec la force et la résolution que donne le sentiment du devoir, dans le seul intérêt de la mission que la République avait confiée à son envoyé.

Au reste, cette mesure, objet de jugements divers, fut couverte par *l'entière approbation* du ministre de la marine et des colonies : ce sont les termes d'une dépêche du 12 août portant la signature de l'honorable contre-amiral Verninac [1].

La direction de l'intérieur fut confiée par le commissaire général à M. Lignières, l'un des membres du Conseil privé, maire de la Basse-Terre, jurisconsulte et administrateur expérimenté, qui dans l'origine avait été désigné au choix du gouvernement provisoire pour ce poste important. Il fit preuve d'une activité infatigable et d'un respect constant pour la légalité. L'opinion ne fut pas sans injustice envers lui, car il marchait dans la voie du progrès, et le gouvernement qui ne le confirma pas aurait pu être mieux inspiré.

D'autres fonctionnaires attachés à l'administration de l'intérieur étaient venus de France avec le commissaire général. Ils se crurent appelés à diriger l'opinion publique. Leur attitude et leur langage provoquèrent les alarmistes rétrogrades à demander leur renvoi en France; mais le commissaire général ne voulut pas sacrifier des fonctionnaires d'ailleurs honorables et utiles, uniquement pour opinion politique.

Distribution des emplois et des bourses.

Les Européens qui accompagnèrent le commissaire général causèrent très innocemment, d'ailleurs, un autre genre d'embarras. Il y avait à satisfaire des ambitions légitimes. Le temps était venu de faire une juste part dans les emplois à ceux que l'ancien

---

(1) *Gazette officielle*, n° 50.

ostracisme colonial avait éloignés de toutes les positions administratives, et cependant on avait disposé des vacances les plus importantes en faveur de métropolitains. Ce fut et ce sera peut-être toujours une faute de ne pas laisser à un chef de colonie la composition de son personnel administratif.

Tout d'abord le commissaire général avait appelé auprès de lui, en qualité d'aides de camp, deux officiers en qui le mérite et les connaissances s'unissaient à la noblesse du caractère. L'un, M. de Villepin, capitaine au 1er régiment d'infanterie de marine, avait à juste titre obtenu dans les mêmes fonctions la confiance du précédent gouverneur. Chez l'autre, M. Virgile, le sang africain se montrait à la hauteur des succès d'un ancien élève de l'École polytechnique aujourd'hui capitaine d'artillerie. Aussi ce dernier choix rencontra-t-il de l'opposition, notamment de la part du commandant militaire. Le commissaire général passa outre et fut approuvé par le ministre.

Quant aux emplois administratifs, dans l'impuissance de pourvoir tous les prétendants, il fit le plus grand nombre des nominations en faveur des exclus d'autrefois à titre de compensation [1]. Le temps aurait

---

(1) Furent nommés :

EXCLUS D'AUTREFOIS.

Chef de bureau à la direction de l'intérieur, M. Luc Rousseau.

Sous-chef de bureau à la direction de l'intérieur, M. Melfort Bloncourt.

Notaire, M. Geffrier.

apporté satisfaction à tous ceux dont une administration bienveillante et juste aurait successivement reconnu les mérites et les droits.

C'est dans le même esprit que furent distribuées les bourses créées par le conseil général au pensionnat des Sœurs de Saint-Joseph, sous la condition d'y admettre désormais les jeunes enfants de couleur. Ces bourses furent accordées la plupart aux familles que le préjugé repoussait jusque-là [1].

Personnel des corps municipaux.

Enfin, pour infuser du sang nouveau dans les corps municipaux, en attendant les élections municipales,

Greffiers de justice de paix, M. Jolivière, à la Pointe-à-Pitre M. Adrien fils, à Saint-François.

Commissaires de police de canton, M. Jérôme, à la Capesterre; M. Dupré, au Moule; M. Cordier, au Port-Louis; M. Surville, à Saint-François; M. Rosancourt, à la Pointe-Noire; M. François Germain, à Saint-Martin; M. Turlet, à la Basse-Terre.

Régisseurs des ateliers de discipline, M. C. Gosset, à la Pointe-à-Pitre; M. Guéry, à la Basse-Terre.

Concierge de geôle, à la Pointe-à-Pitre, M. Fabius.

Surveillants ruraux et gardes champêtres, un grand nombre.

ANCIENS PRIVILÉGIÉS :

Directeur des ateliers de discipline, M. Lemonnier, déjà nommé par le ministre directeur des ateliers nationaux.

Juge auditeur, M. Duchassaing.

Secrétaire de la haute commission du travail, M. Levilloux.

Régisseurs des ateliers de discipline, M. Gaalon, aux Saintes; M. d'Huy, à Marie-Galante; M. Sylvestre, à Saint-Martin.

(1) Voici les noms des jeunes personnes qui les ont obtenues: mesdemoiselles Ducanchez, Nelson, Aubin, Michaux, Etienne, Joubert, Brice, Chaulet, Lamothe, Dubois, Rullier, Louison, Siffrin, Layette.

le personnel des maires et adjoints fut modifié, et les choix du commissaire général désignèrent le plus souvent des citoyens qui par leur dévouement et le légitime usage de leur influence ont puissamment secondé l'administration supérieure. On a pu distinguer parmi eux MM. Belleroche, Darasse, Zoël Agnès, Dugard-Ducharmoy, Luc Rousseau, Ovide Toublan, Desplan Altamon, Marcellin, Desnoyers, Paul Jules, Edmond Fart, Kayser, Côme Corneille, Beaubrun aîné, Eusèbe, Servient, Lacout, Rosemont, Antonin, Mortimer Lafontaine, Saint-Cyr Auguste, Egide Favreau, Margaillan, Sébastien (Edmond), Casse, Alonzo, Sébastien (William)[1].

Ce dernier, M. William Sébastien, partageait avec M. Alonzo une grande influence à Marie-Galante, et tous deux en usaient en bons citoyens, souvent à la demande des propriétaires eux-mêmes, qui toutefois voyaient d'un œil chagrin ce genre d'autorité. Le commissaire général, confiant dans le patriotisme de ces honorables citoyens, y trouva, au contraire, un élément d'ordre, et n'eut qu'à se louer de les avoir donnés pour adjoints à M. Casse, ancien membre du Conseil colonial, jouissant aussi, et à juste titre, de la confiance de ses concitoyens[2].

(1) Voir *Pièces justificatives*, nᵒ 3.

(2) Le 10 octobre, lorsque le commissaire général se trouvait à Marie-Galante, M. W. Sébastien y mourut subitement; sa veuve reçut la lettre suivante :

« Madame,

« La République et la colonie ont perdu un de leurs meilleurs citoyens que j'avais été heureux de faire entrer en partage de

Organisation du travail.

A l'organisation administrative, première garantie du maintien de l'ordre et de la sécurité, était intimement liée l'*organisation du travail*, dans les conditions nouvelles de la liberté, problème vital pour la colonie, et dont le commissaire général se préoccupa dès le début.

On a vu déjà qu'il s'était porté sur divers points de la colonie, notamment à la Capesterre, pour y mettre d'accord les propriétaires et les travailleurs. D'autre part, sous sa direction, le chef de l'administration intérieure, le procureur général et les magistrats de

l'autorité municipale. Je ne veux pas quitter Marie-Galante sans m'associer, par ces lignes, aux regrets de sa famille et de ses nombreux amis. Le citoyen William Sébastien devait vivre pour jouir du bien qu'il a fait dans son court passage aux affaires publiques de ce pays. Il emporte au moins, pour récompense de son patriotisme et de son dévoûment, l'estime et la reconnaissance de tous ceux qui ont pu apprécier son utile concours à l'établissement de la liberté générale, en même temps qu'au maintien de l'ordre.

« Recevez, madame, etc.

« *Le commissaire général,*

« AD. GATINE. »

l'ordre judiciaire qui avaient acquis de l'influence sur les ateliers par l'exercice du patronage que leur confiait la loi Mackau, enfin l'un des hommes qui ont rendu le plus de services à la colonie dans la question du travail, M. Babeau, commissaire central de sûreté, tous ces fonctionnaires parcouraient incessamment les communes et les habitations. Le commissaire général s'imposa aussi, et de nouveau, cette rude tâche.

Il adressa d'abord aux travailleurs une proclamation, publiée et affichée dans toutes les communes, sur toutes les habitations :

LE COMMISSAIRE GÉNÉRAL DE LA RÉPUBLIQUE

Aux nouveaux Citoyens.

« Mes amis,

« Depuis vingt ans j'étais en France l'un de vos défenseurs. Je suis venu au milieu de vous pour être votre père. Écoutez donc mes avis.

« La Providence a fait pour vous en un jour ce que vous attendiez depuis si longtemps. Vous êtes à la fois libres et citoyens français ! c'est un titre dont vous devez être fiers, il faut montrer que vous en êtes dignes.

« La liberté que je vous ai apportée, au nom de la France républicaine, ne serait pour vous qu'un funeste présent, si l'ordre et le travail n'étaient plus assurés que jamais. La misère publique et l'anarchie feraient bientôt le malheur de tous. On maudirait la liberté !... Mes amis, l'esclavage seul doit être maudit dans ce pays.

« Honneur à ceux qui ont repris le travail ! Reprenez-le tous à la voix de votre commissaire général.

« C'est pour vous désormais que vous cultivez la terre. Elle n'appartient pas à tous les hommes ; elle est la propriété de ceux qui l'ont acquise légitimement ; mais, fécondée par vos bras, elle sera pour vous une bonne mère ; vous aurez votre part de ses riches produits.

« Cette part, il faut la régler par libre convention entre vous et les propriétaires, mais toujours avec justice et modération ; n'oubliez pas cela.

« Les cases appartiennent au propriétaire, comme les jardins, parce qu'elles sont sur son terrain, et, en général, construites à ses frais. Dans le cas même où des matériaux auraient été fournis pour vous ou par des tiers, le propriétaire peut s'opposer à l'enlèvement de ces matériaux, s'il offre d'en payer la valeur ; en sorte que vous ne pouvez jamais, sans son consentement, rester dans les cases ou les détruire.

« Mais les propriétaires, si vous travaillez chez eux, au salaire, ou par association, vous laisseront la jouissance des cases et des jardins que vous cultiverez le samedi ; et ainsi vous serez mieux partagés que les ouvriers blancs en France.

« Traitez donc avec les propriétaires, en débattant les conditions de vos contrats sur ces bases de raison et d'équité, comme il convient à des hommes libres et justes.

« C'est l'association que je vous recommande ; le salaire vous ferait vivre au jour le jour ; ce n'est pas assez : il faut songer à l'avenir. Dans l'association, vous trouverez non-seulement des moyens d'existence, mais aussi les ressources nécessaires pour vous entourer d'une famille, pour élever vos enfants et devenir vous-mêmes propriétaires.

« Vous amassiez des pécules pour vous racheter de l'esclavage; vous pourrez désormais, avec vos épargnes, acquérir des terres, planter des cannes, faire du sucre pour vous, et mériter les récompenses qui seront distribuées aux plus habiles cultivateurs.

« Cet avenir n'est pas éloigné, si vous montrez du courage et de la bonne volonté. Le travail ne manque à personne dans ce pays. Vous pouvez tous en avoir. Ceux qui resteraient dans l'oisiveté causeraient au commissaire général de la République, à votre meilleur ami, une profonde affliction, car, autant que l'esclavage, l'oisiveté dégrade l'homme par les vices et la misère qu'elle engendre.

« Je serai bientôt au milieu de vous; et partout j'espère trouver entre propriétaires et cultivateurs la concorde, l'activité de toutes les forces, l'union intelligente et féconde de tous les intérêts.

« AD. GATINE.

« Par le commissaire général de la République :

« Le directeur de l'intérieur,

« CH. BOTTEL. »

Peu de jours après, le commissaire général se mit en campagne au commencement de l'hivernage, saison périlleuse, durant laquelle les gouverneurs avaient coutume de se retirer prudemment à 500 mètres au-dessus de la mer, *dans les fraîches délices du Matouba*[1].

Pendant plus d'un mois, sans interruption, accompagné et très utilement secondé par l'un de ses aides de camp[2], il visita la Grande-Terre et la Guadeloupe, assemblant des *meetings* de propriétaires et de travailleurs dans toutes les communes, visitant maintes habitations, prêchant partout l'ordre et le travail, posant les bases des contrats d'association. Toute une population de 90,000 nouveaux libres, successivement instruite de ses droits et de ses devoirs par une voix amie, sévère au besoin, reçut une impulsion qui devait porter et qui a porté en effet ses fruits. La grève cessa. La colonie et les nouveaux libres échappèrent aux calamités imminentes qui devaient résulter de l'oisiveté des premiers jours, si elle fût devenue oisiveté invétérée.

Pour se fixer sur ces importants résultats, il faut entrer dans quelques détails, en constatant d'abord le point de départ.

Voici quel était l'état des choses peu de temps avant l'émancipation, d'après une adresse des colons au roi Louis-Philippe :

« Les lois des 18 et 19 juillet 1845 ont désarmé le propriétaire, et les moyens de coercition dont elles ont investi le magistrat sont encore à créer. L'inégalité d'exécution dont nous avons à nous plaindre[3]

(1) Villa des gouverneurs, dans les montagnes avoisinant la Soufrière.
(2) M. de Villepin.
(3) Les colons se plaignaient amèrement de ce qu'on faisait

amène le désordre dans nos ateliers, l'indiscipline, la résistance, la force d'inertie contre laquelle nous luttons en vain. *Le travail s'en va.* »

Cette adresse porte la date du 8 janvier 1848. Quatre mois plus tard, un chômage presque général avait suivi la proclamation de la liberté sans aucune mesure concomitante d'organisation, parce qu'on attendait les décrets de la métropole. L'*Avenir* du 16 juin disait lui-même : « Dans nos fêtes et dans nos *vivat*, il y a à la fois un hommage et une espérance. M. Gatine, en-effet, arrive dans des circonstances uniques. *Tout est à faire aujourd'hui, tout à réorganiser : le travail, la liberté, l'ordre.* Tous les yeux se tournent vers lui, comme le régénérateur du pays; tous les intérêts attendent de lui justice et protection. Il sait que sa présence est indispensable partout, sur tous les points, sur toutes les habitations; il a hâte de s'y rendre sans faste, sans fracas, pour se montrer seulement aux travailleurs, qui ont confiance en lui et qui reprendront le travail quand il le leur aura dit. La tournée qu'il veut faire ainsi sera pénible et longue, mais il sait que sa présence est nécessaire à l'achèvement de la récolte présente et à la préparation de la prochaine; et il ne recule pas devant la fatigue. »

Rappeler ou introduire les habitudes laborieuses

exécuter *envers eux* les lois Mackau. Ces lois, en limitant le pouvoir dominical, avaient tenté d'améliorer le sort des esclaves. Il en était résulté des poursuites pour sévices : c'est ce qu'on appelle *inégalité d'exécution*. Au total, ces lois avaient rendu l'esclavage intolérable pour les maîtres eux-mêmes. L'abolition a donc été pour eux aussi *une délivrance*, comme le disait le commissaire général dans sa proclamation.

au milieu des bamboulas[1] et de l'agitation générale, réhabiliter non-seulement le travail, mais la culture de la canne, signe de la servitude pour les émancipés, voilà ce qu'il y avait à faire, et ce qui fut réalisé par les efforts du commissaire général, sans oublier le concours de ses auxiliaires les plus utiles déjà signalés.

On doit ajouter, à l'honneur de ces populations noires si peu connues en Europe et tant calomniées, qu'un grand nombre de nouveaux citoyens vinrent eux-mêmes en aide à l'administration. On peut citer des faits :

« Aujourd'hui, quelques travailleurs des habitations du Gosier non visitées par moi se sont présentés au parquet *réclamant l'intervention du magistrat sur leurs habitations pour la reprise du travail et protestant des bonnes intentions de leurs concitoyens.* Peut-être penserez-vous qu'il y a lieu de répondre de suite au désir manifesté par cette population. »

« Du Lamentin, le 30 août, on écrit au commissaire général : « Depuis l'émancipation, Gabriel et Bienvenu se sont entendus pour la surveillance de mon habitation en général, se portant forts contre toute attaque qui pourrait être faite à ma propriété, à moi ou à mes enfants, et cela sans vouloir de rétribution, connaissant ma position d'infortune, et chargé d'une nombreuse famille. Il y a longtemps que j'eusse abandonné ma propriété si je n'étais *exhorté par Gabriel et Bienvenu à la patience, en m'assurant toujours que je pourrais y demeurer sans crainte, et que*

---

(1) Danses créoles.

le travail reprendrait, ce qui est arrivé, en effet, grâce à leur fidélité, leur dévouement et leur intelligence. En un mot, si, comme j'ai lieu de l'espérer, *le travail continue chez moi, ainsi que je l'obtiens depuis quelques semaines, je ne le devrai qu'aux deux citoyens dont je viens de vous faire connaître la belle conduite,* et que je recommande à la générosité du gouvernement républicain. »

« D'après un rapport du brigadier de gendarmerie du Lamentin, en date du 31 août, le nommé Yoyo, dit Guillaume, qui dans la nuit précédente avait commis du désordre et des vols dans les cases, a été arrêté sur l'habitation Lamoisse, *par ses anciens camarades, nouveaux affranchis.* La gendarmerie du Lamentin, informée, s'est rendue sur les lieux pour y saisir Yoyo qui a été conduit dans la prison de la Pointe-à-Pitre[1]. »

Ces faits étaient quotidiens. Mais ne fallait-il pas qu'en France on crût à la désorganisation ? Ne fallait-il pas se débarrasser des abolitionistes, des négrophiles, qui, après avoir émancipé les esclaves, avaient la prétention qu'ils fussent traités en hommes libres ? Ne fallait-il pas obtenir des régiments pour faire de l'organisation à main armée, en même temps que pour rassurer toutes les peurs ? La force, toujours la force pour conduire les noirs ! On n'en obtiendra jamais rien par les conseils et par l'autorité ou la confiance personnelle. Tel était le système, et on faisait tout pour le justifier.

(1) *Gazette officielle,* n° 49.

Un journal imagina de faire *l'enquête du travail*. C'était assurément son droit ; il aurait fallu seulement y mettre quelque bonne foi.

Or, voici en quoi consista sa fameuse enquête. Il y a dans la colonie un très grand nombre d'habitations. Pendant deux mois, les propriétaires furent excités à publier le bilan de leurs récoltes ou de leurs travaux agricoles, et on parvint à obtenir quinze ou vingt lettres contenant des doléances plus ou moins fondées, qui furent enregistrées avec soin dans chaque numéro de l'*Avenir*. Puis les gens triomphaient et disaient encore : *le travail s'en va;* ou bien : *le pays se meurt.* Le pays?... Vraiment ! On faisait dire à quelques sucriers : *la colonie c'est nous,* reste de vieille habitude. Il aurait fallu voir d'ailleurs si ces rares plaignants n'étaient pas le plus souvent des géreurs odieux aux ateliers, des propriétaires obérés, impuissants, mauvais administrateurs, quelquefois peu en règle avec leur conscience sur le chapitre des sévices et des mauvais traitements; car enfin on ne pouvait guère espérer que le commissaire général rétablît le travail et la bonne harmonie sur les habitations où ces causes particulières de souffrance existaient. Et cependant, sur une d'elles notamment, dans la commune de Sainte-Anne, il y réussit après une séance de conciliation à laquelle le géreur assistait armé de ses pistolets, tant on s'aimait de part et d'autre !

Quoi qu'il en soit, l'enquête ne fut pas toujours heureuse. On en peut juger par un incident qui fit rire à ses dépens.

On lut un jour dans l'*Avenir* la lettre suivante, qu'il fut obligé d'insérer comme réclamation :

« Saint-François, le 1er septembre 1848.

« Citoyen rédacteur, dans votre numéro du 30 août, et dans un article intitulé : *Enquête sur la situation du travail dans la colonie,* je vois figurer l'habitation Loyet au nombre de celles qui n'ont pas fini leur récolte. Comme géreur et fondé de pouvoirs de ladite habitation, *et dans l'intérêt de la vérité,* je viens vous dire que l'auteur dudit article a été mal informé, et *que l'habitation Loyet a fini sa récolte depuis la fin de juillet, et que depuis cette époque les travailleurs ont sarclé, fumé, planté des cannes et levé du fumier.*

« Je vous dirai en outre que sur cette habitation, depuis la proclamation de la liberté, *je n'ai employé aucune autorité que la mienne et celle du salaire que je paie,* moyennant lequel les travailleurs et moi avons été aussi satisfaits qu'il est possible de l'être dans des temps de tiraillement comme ceux qui viennent de s'écouler.

« Salut et fraternité.

« *Signé :* SIMONNET jeune. »

Cette lettre était suivie d'une autre, où l'on put lire ceci :

« Moule, le 2 septembre 1848.

« Monsieur, veuillez avoir la bonté de relever une erreur que j'ai commise relativement à l'habitation Loyet. Cette habitation a fini sa récolte de 1848. *Ayant vu les ailes de son moulin en l'air, j'ai dû supposer* que c'était comme chez moi, qu'elle avait encore du sucre à faire.

« *Signé :* CICÉRON[1]. »

L'enquête joua de malheur comme on le voit, et puisqu'elle devait passer par là, le moulin aurait dû déposer ses ailes, si c'eût été un moulin bien appris.

Voilà comme on a écrit l'histoire, comment on a fait l'enquête du travail. En parler davantage, ce serait lui faire trop d'honneur.

D'autre part, il n'est pas possible, dans ce rapide récit, d'accumuler tous les documents qui ont afflué entre les mains de l'administration et d'où ressort la vérité, chose sainte et peu respectée aux colonies. Elle s'est trouvée, comme le plus souvent, entre les exagérations en sens contraire. Un trop grand optimisme n'aurait pas été dans le vrai, car l'agriculture a souffert sans doute par des causes diverses, et ses souffrances, comme on l'a déjà fait remarquer, existaient même avant l'émancipation. Mais ceux-là mentaient impudemment qui, dans leurs journaux et leurs correspondances, criaient sans cesse au désordre, à l'anarchie, à la cessation du travail. Ils n'outrageaient pas seulement la vérité, ils calomniaient leur pays et leurs concitoyens, en même temps que le gouvernement local. Cette ardeur de haine contre le bien opéré par des abolitionistes, ces paniques insensées allèrent jusqu'à des démarches auprès de l'honorable général Cavaignac, fort préoccupé sans doute alors des horribles convulsions qui venaient de déchirer le sein

(1) *Gazette officielle* du 19 septembre.

de la patrie, et d'autant plus accessible peut-être à des exagérations coloniales sur la situation de la Guadeloupe et de la Martinique. Des hommes sans mandat, quelques-uns même étrangers aux colonies, s'associèrent pour ces démarches. Le *Journal des Débats* du 15 juillet en rendit compte dans des termes qui soulevèrent à la Guadeloupe l'indignation de tous les hommes sincères et amis de leur pays. Le commissaire général eut un devoir à remplir ; car aux colonies les émotions publiques sont rapides et périlleuses. Il fit au conseil privé lecture de l'article du *Journal des Débats*, et, séance tenante, la protestation qui suit fut adoptée :

CONSEIL PRIVÉ DE LA GUADELOUPE,
SÉANCE DU 12 AOUT 1848.

« Le Conseil ne se préoccuperait nullement de l'article sur la situation coloniale inséré dans le *Journal des Débats* du 15 juillet[1] si la Guadeloupe était plus rapprochée de la France, si l'éloignement n'était pas un obstacle à la connaissance facile de *la vérité* ; mais les distances le mettent dans la nécessité de s'expliquer, lui qui seul représente la colonie.

« Sans doute, l'émancipation sans indemnité préalable, en comblant les uns de bonheur, a été pour les autres une cause de vives souffrances[2] ;

(1) Les élections n'avaient pas encore donné à la colonie ses représentants.

(2) Ces souffrances, et la diminution du travail dont parle plus bas la protestation, ne sont pas dues à l'émancipation seule, mais à des causes diverses et antérieures, comme on l'a déjà fait remarquer. L'administration des abolitionistes n'en peut

« Mais il N'EST PAS VRAI que la Guadeloupe soit livrée à l'anarchie ni même au désordre;

« Il N'EST PAS VRAI que nous soyons exposés à la famine[1];

« Il N'EST PAS VRAI surtout que les blancs soient menacés d'extermination.

« Le travail a diminué, beaucoup diminué; mais déjà pourtant DE TRÈS BONS RÉSULTATS SONT OBTENUS; mais la récolte pendante est presque achevée[2], et nous avons confiance que le travail reprendra pleinement lorsque son organisation aura été complétée, lorsqu'en dégrevant les sucres, la métropole aura rendu la culture productive; lorsqu'en payant une juste indemnité, la France aura donné aux anciens maîtres le moyen de supporter le fardeau de l'association ou du salaire.

« C'est là tout ce que demande la colonie.

« Ce qu'elle ne veut pas, ce qu'elle repousserait avec unanimité, avec indignation, ce que le conseil ne saurait combattre avec trop de force, c'est tout projet, toute proposition qui porterait atteinte à la liberté.

« Décrétée par la République, spontanément proclamée à la Guadeloupe, l'émancipation est irrévocablement acquise.

« Jamais les anciens esclaves, jamais les anciens

être responsable, et c'est à elle que sont dus la reprise ultérieure, les très bons résultats constatés par la protestation.

(1) On sait que l'Assemblée nationale a voté 1,500,000 fr. sous prétexte de famine! Il fallait les voter pour les écoles et les hospices.

(2) En temps ordinaire, ou peu s'en faut, puisque la protestation est du 12 août.

maîtres n'accepteraient un retour à l'émancipation graduelle.

« Tous continuent d'avoir la foi la plus entière dans le dogme fondamental : *Liberté, égalité, fraternité,* qu'ils ont accueilli avec bonheur.

« Les ennemis de la colonie, les ennemis de la France pourraient seuls proposer d'y porter atteinte[1].

> « *Le commissaire général de la République,*
>
> « AD. GATINE.

« Par le commissaire général de la République en conseil :

> « PASCAL, commandant militaire ; GUILLET, ordonnateur ; A. LIGNIÈRES, directeur de l'intérieur ; BAYLE MOUILLARD, procureur général ; BONNET, ROUSSEAU, LAVOLLÉE, A. MOTTENTHIEL, LAURICHESSE, conseillers privés ; LAUGIER, contrôleur ; CH. GAUMONT, secrétaire. »

(1) D'après l'article du *Journal des Débats,* la députation qui s'est présentée au général Cavaignac se proposait de faire rapporter les décrets du Gouvernement provisoire. C'était là qu'était un grand danger public pour les colonies ; c'est ce qui rendit nécessaire la protestation du Conseil privé, notamment dans sa dernière partie. Le lendemain, 16 août, un désaveu de M. Pécoul fut publié à Paris ; mais le paquet anglais, parti de Southampton le 17, n'ayant pas apporté les journaux parisiens du 16 aux colonies, on n'y connut ce désaveu que quinze jours plus tard, par le paquet suivant, sauf pourtant une lettre particulière de M. Pécoul, qui aurait pu partir et qui en aurait donné la nouvelle à quelques personnes. Cette lettre n'était nullement connue, on le comprend, ni du commissaire général, ni du conseil privé. Au reste, l'article du *Journal des Débats* n'a jamais été désavoué que quant à la pensée d'un retour sur l'abolition. Tout ce qui a été dit dans l'entrevue avec le général

On comprend la portée de ce grave document émané d'un conseil où se trouvaient les seuls représentants légaux de la colonie dans l'état des choses, ceux-là seuls qui pouvaient parler en son nom, les chefs d'administration, des propriétaires, des commerçants, tous citoyens dont le témoignage en faveur de l'ordre et du travail ne peut être suspect assurément. Où serait la vérité, si ce n'était là?

Vinrent ensuite, dans l'ordre chronologique, des rapports comme ceux-ci:

MARIE-GALANTE. — « La situation s'est améliorée insensiblement depuis ma dernière correspondance. Les esprits sont calmés, et la tranquillité matérielle la plus grande règne sur les habitations. Il est une chose digne de remarque, c'est que les habitations qui ont été le plus remuées sont celles qui aujourd'hui *donnent l'exemple et de l'ordre et du travail.* Les habitants les plus exigeants sont convenus devant moi ou devant mon substitut qu'il y avait amélioration sensible. On pourrait citer un grand nombre d'habitations où le travail est aussi régulier que possible, etc. » (*Rapport du procureur de la République de Marie-Galante* [1].)

ABYMES. — « Sur l'habitation Lacroix, où s'était transporté le lieutenant de gendarmerie de la Pointe-à-Pitre, avec un détachement, pour expulser vingt-neuf travailleurs, quelques-uns seulement ont été atteints par cette mesure rigoureuse, et le travail

Cavaignac sur l'état de la colonie subsiste, et la protestation aussi, comme démenti public et authentique.

(1) *Gazette officielle* du 12 septembre, n° 45.

a repris. Une notable amélioration a été constatée aussi sur les habitations voisines [1]. »

Saint-François. — « Bon nombre d'habitations ont été visitées par le citoyen Partarrieu, substitut du procureur de la République près le tribunal de la Pointe-à-Pitre. A l'exception de l'habitation la Réunion, le travail a repris partout, depuis le lundi, 28 août, dit l'*Avenir*, et les propriétaires, ajoute ce journal, étaient assez satisfaits de ce mouvement opéré d'une manière si générale après la grève de la semaine des élections [2]. »

Canal. — « Sur l'habitation de Laroche, le citoyen Larougerie, procureur de la République, a obtenu un succès qui semblait difficile. Tous les cultivateurs se sont remis à la culture, sauf cinq ou six qui seront expulsés [3]. »

Bien plus, dans l'un des journaux de la colonie, se trouva publiée, par inadvertance sans doute, une lettre de Marie-Galante, déclarant « que les travailleurs sont portés de très bonne volonté, que les récoltes sont à peu près terminées sur tous les points et qu'on travaille déjà pour la prochaine; » puis ajoutant, ce n'est pas le moins curieux ni le moins instructif : « *Gardez-vous de croire à toutes les nouvelles qui partent d'ici; elles sont toutes erronées et sont envoyées par des esprits inquiets et brouillons qui sont fâchés de voir les choses tourner à bien malgré leurs prédictions, etc.* » — *Commercial* du 5 août [4].

Bientôt l'amélioration croissant toujours, les ma-

(1-2-3) *Gazette officielle* du 12 septembre, n° 50.
(4) *Gazette officielle*, n° 44.

gistrats purent être déchargés de leur utile coopéra-
tion, et peu de jours après le départ du commissaire
général, on lisait ceci dans une circulaire qui leur
était adressée par le chef du parquet :

« Lorsque l'émancipation fut proclamée, *rien n'était
organisé encore pour le maintien du travail ;* tout retard
pouvait être périlleux..... *Aujourd'hui l'état des choses
n'est plus le même ;* d'après les renseignements reçus par
le citoyen gouverneur, *la tranquillité devient de plus en
plus grande ; d'excellents rapports semblent s'établir entre
les propriétaires et les travailleurs,* et tout annonce *la
consolidation d'une confiance réciproque,* qui aurait dû
ne jamais être troublée. Votre intervention spontanée
serait inutile pendant ce retour à l'union. Laissons
donc les partis débattre et régler librement leurs
contrats. Rentrons dans nos attributions judiciaires...

« *Le procureur général ,*

« BAYLE MOUILLARD [1]. »

Enfin, l'achèvement de la récolte constaté par la
protestation du conseil privé, et l'exportation des
denrées du cru de la colonie, répondent par faits et
par chiffres à tous les mensonges. Voici ce que con-
statent les états de la douane publiés mensuellement
dans la *Gazette officielle* [2] :

(1) *Gazette officielle* du 20 octobre 1848, n° 58.
(2) *Gazette officielle,* n°s 33 et 56.

DENRÉES EXPORTÉES.	AU 1er JUIN 1848.	PENDANT LES 4 MOIS SUIVANTS.	AU 1er OCTOBRE.
Sucre terré. . . .		103 k.	103 k.
Sucre brut	4,539,025 kil.	13,865,871	18,404,896
Café	124,668	34,412	159,080
Sirop	3,586 lit.	19,911	23,497
Rhum et Tafia.. .	26,553	34,104	60,717
Coton.	»	16,873	16,873
Cacao.	7,660 kil.	3,929	11,589

Le chiffre de 18 millions de kilogrammes pour la principale production, celle du sucre, jusqu'au 1er octobre, atteint environ les deux tiers de la récolte moyenne à la Guadeloupe[1]. Les exportations des quatre derniers mois de l'année, octobre, septembre, novembre et décembre, auront sans doute rapproché beaucoup de cette moyenne la récolte de 1848, qui du reste n'a pas été favorisée par les circonstances atmosphériques[2].

On prétend, il est vrai, que celle de 1849 et même

(1) Cette moyenne, pour les 6 années 1839 à 1844, est de 32,817,481 kil., d'après les notices statistiques de 1844, p. 30.

(2) C'est ce que le gouvernement a déclaré à l'Assemblée nationale par l'exposé des motifs du projet de loi présenté le 5 août pour couvrir l'insuffisance des recettes coloniales ; on y lit : « La situation aujourd'hui connue se résume en un déficit « certain des revenus coloniaux. *La récolte de 1848, par le seul* « *effet des circonstances atmosphériques, eût été fort inférieure* « *aux prévisions premières.* » — *Gazette officielle,* n° 51.

celle de 1850 seront beaucoup plus compromises par l'inactivité ou l'insuffisance des travaux de sarclage, plantation, etc. Mais si ces pénibles travaux ont été en effet les moins suivis par les cultivateurs libres, c'est seulement dans les premiers temps, lorsqu'il restait encore des cannes à couper et à fabriquer. La roulaison achevée, le travail n'a pas cessé ; il a repris au contraire et s'est montré progressivement plus actif, plus régulier. Les traces du chômage ont disparu au profit de la récolte prochaine ; les herbes parasites ont cessé d'étouffer les rejetons ou les jeunes cannes ; les engrais ont été répandus, les terres fouillées ont reçu des plants. On se rappelle l'habitation *Loyel* de Saint-François, mise si malencontreusement par l'*enquête* au nombre de celles qui chômaient ou devaient chômer, et la réclamation de son gérant, M. Simonnet, attestant que *depuis la fin de juillet les travailleurs ont sarclé, fumé et planté* [1]. Beaucoup d'autres habitations, assurément, se sont trouvées, après la roulaison, dans des conditions d'avenir non moins favorables, notamment toutes celles qui ont pu payer le salaire. « Je n'ai employé, dit M. Simonnet dans sa lettre, *aucune autre autorité que la mienne et* CELLE DU SALAIRE. » Un autre propriétaire, qui dispose aussi de ce talisman, M. Souques, déclarait qu'à raison de l'avancement des travaux sur ses trois habitations situées au Port-Louis et à l'anse Bertrand, sa récolte prochaine devait dépasser d'un tiers les précédentes, et l'*Avenir* lui-même a recueilli ce témoignage. Il est

(1) Page 30.

donc permis d'espérer qu'en 1849 les exportations ne descendront pas tant au-dessous des chiffres ordinaires.

En dernier résultat, le travail colonial n'a pas péri. Maintenu au contraire et rétabli sur ses bases nouvelles, il sera sans aucun doute plus fécond sous la liberté qu'il ne le fut jamais sous l'esclavage. Les cultivateurs émancipés ne le refusent pas; la transition plus ou moins problématique du travail forcé au travail libre est sauvée. Il ne s'agit plus que de rendre ce dernier attrayant et profitable pour les cultivateurs; ce n'est plus qu'une question d'argent.

On dispute beaucoup sur les avantages relatifs des divers systèmes de travail au salaire, à la tâche ou par association. Ce serait une étude pleine d'intérêt assurément, mais qui dépasserait les limites de cet écrit : on n'en peut dire que deux mots.

En général les travailleurs noirs préfèrent le *salaire*, la rémunération actuelle et facilement appréciable, qui établit nettement à leurs yeux la différence entre le travail forcé d'autrefois et le travail libre d'aujourd'hui. Le salaire, même minime, mais exactement payé, avec la *case* et le *jardin*, semblait le plus sûr moyen d'obtenir le travail dans les circonstances où l'on s'est trouvé après l'émancipation. A la Capesterre, l'un des quartiers les plus favorisés, où plusieurs propriétaires ont pu offrir un salaire relativement élevé, quatre-vingts centimes, il y a eu généralement, dès l'arrivée du commissaire général, une somme de travail satisfaisante, comme chez M. Simonnet, à Saint-François, chez M. Souques, à Port-

Louis et à l'Anse-Bertrand, et chez beaucoup d'autres propriétaires des différents quartiers de la colonie. — Plus morale et plus féconde, mais moins comprise et moins dégagée des difficultés d'exécution, l'*association* a des avantages que le commissaire général faisait entrevoir par sa proclamation aux cultivateurs : « C'est, disait-il, c'est l'association que je vous recommande ; le salaire vous ferait vivre au jour le jour ; ce n'est pas assez; il faut songer à l'avenir. Dans l'association, vous trouverez non-seulement des moyens d'existence, mais aussi les ressources nécessaires pour vous entourer d'une famille, pour élever vos enfants et devenir vous-mêmes propriétaires. »

— *Le travail à la tâche*, qui a donné de bons résultats dans les îles anglaises, réussirait probablement aussi dans les nôtres ; mais jusqu'à présent les vieilles traditions de l'agriculture coloniale, la routine du travail par ateliers, en ligne, la réunion de l'agriculture et de l'industrie, ou de la fabrication, qui devraient être séparées pour se perfectionner isolément, sont des obstacles à ce mode d'exploitation.

— C'est peut-être *aux systèmes mixtes* qu'il faut demander une nouvelle prospérité agricole et manufacturière. On peut aux avantages de l'association réunir ceux du salaire, au moyen d'avances régulières qui en soient jusqu'à un certain point l'équivalent pour le travailleur. On pourrait aussi dans l'association introduire le travail à la tâche, introduire la division dans la communauté, mettre les individus ou les familles en face d'une portion aliquote du travail social, afin d'établir l'émulation entre les associés et d'ôter au travail libre les apparences du travail servile qui se retrouvent trop souvent dans les habitudes traditionnelles du colon. Ces idées sont la base d'un plan conçu par M. Nicolaï, fondateur et habile directeur d'une importante usine à la Capesterre. Le commissaire général voulut en favoriser l'exécution ; il ne rencontra aucun concours chez ceux-là même qui répétaient sans cesse : Il faut organiser le travail. Le gouvernement métropolitain, s'il doit donner suite à ses projets de sucreries-modèles, ne pourrait mieux faire que de prendre sous son patronage les idées de M. Nicolaï.

Du reste, le commissaire général n'eut pas le choix entre les divers systèmes, parce que l'élément qui doit se retrouver dans tous, le capital, ou au moins le crédit, manquait à la presque totalité des propriétaires. Obtenir le travail libre sans rémunération, c'est un problème difficile, insoluble même par tout pays. C'est ce que le commissaire général obtint pourtant, en faisant fonctionner l'association, qui seule était praticable pour la grande majorité des propriétaires. Le tiers du produit brut pour l'atelier, 100 barriques de sucre sur 300, la case et le jardin, avec le samedi laissé au travail particulier, en dehors du travail social ; les deux autres tiers pour le propriétaire qui supporte tous les frais de *faisance valoir* ; telles ont été les bases généralement adoptées de commun accord. La direction reste au principal associé, c'est-à-dire au propriétaire. Néanmoins l'atelier désigne le plus souvent par élection des commissaires remplissant les fonctions des anciens commandeurs. Quel que soit le mérite de cette organisation, il faut se rappeler que c'est seulement *un mode*. Ce qu'il fallait avoir avant tout, c'était le travail, c'était l'activité régulière, au lieu du chômage et de tous les périls publics qui pouvaient en être la suite. Ce qu'il fallait prévenir avant tout aussi, c'était la désertion de la culture de la canne, puisque là est toute la vitalité des colonies et leur importance pour la métropole. Eh bien! les exploitations sucrières sont restées en activité; elles préparent ou même commencent déjà leur récolte de 1849[1], et les affranchis anciens ou nouveaux se montrent tout disposés à entreprendre pour eux-mêmes la culture de la canne. Le commissaire général étant en tournée au *Gosier* reçut une députation qui demandait, dans ce but, la création d'une usine centrale pour cette commune. La pétition appuyée par le maire, M. Kayser, homme éclairé et progressif, fut publiée par le *Commercial*[2]. Là encore revenait l'impuissance financière.

En dernière analyse, la condition essentielle du travail libre, c'est sa rémunération possible pour le propriétaire, équitable et suffisante pour le travailleur. La pénurie générale a été et est toujours le plus grand obstacle à vaincre.

C'est pourquoi, peu de temps après son arrivée, le commissaire général écrivait au ministre:

---

(1) La récolte la plus générale commence, dans les Antilles, du mois de janvier, et finit en juillet, aux approches de l'hivernage.

(2) *Commercial*, n° du 19 juillet.

« Après les études les plus sérieuses et les plus approfondies, j'arrive à cette conviction que notre œuvre peut échouer, par défaut de moyens d'exécution, dans les étreintes d'une crise financière et commerciale insurmontable, si la générosité de la métropole ne vient pas à notre secours. Il sera impossible de rien organiser, de rien fonder, de maintenir avec le travail l'ordre et la sécurité. Je ne puis me faire illusion sur les premiers résultats obtenus. Les ressources que présente momentanément la récolte pour la rémunération du travail vont manquer pour la campagne prochaine. Les transactions des propriétaires et des ateliers ne se rompront-elle pas ? que deviendront les uns et les autres ? que deviendra la récolte de 1849 ? Pour exprimer toute ma pensée, citoyen ministre, les colonies sont perdues, si elles n'obtiennent pas de la sollicitude de la République, dans le plus bref délai, *l'indemnité*, un *nouveau tarif des sucres*, et des *dotations pour des comptoirs d'escompte ou des banques locales*. A la Guadeloupe, en particulier, un prompt et large secours en numéraire doit avant tout mettre fin aux inextricables embarras du trésor [1]..... »

L'indemnité, le dégrèvement des sucres, les établissements de crédit, là est tout le secret de la restauration définitive du travail colonial. Puisse la France ne pas l'oublier !

Il y a dans le même ordre d'idées une autre con-

_____

(1) *Gazette officielle*, nº 49. Un secours de 600,000 fr. est arrivé, au mois d'octobre, par le *Griffon*.

dition, c'est la liquidation des propriétés presque toutes grevées au delà de leur valeur. Il aurait fallu, depuis longtemps, commencer par l'*expropriation forcée* suspendue aux Antilles depuis quarante ans. L'île de la Réunion, où le gage hypothécaire pouvait être réalisé, a toujours moins souffert que la Guadeloupe et la Martinique, lorsque, après l'ancienne prospérité, la betterave est venue disputer à la canne la moitié de la consommation métropolitaine. Aussi l'un des décrets préparés par la commission, et dont la rédaction fut spécialement confiée au commissaire général de la Guadeloupe, a-t-il introduit l'expropriation forcée dans toutes nos colonies. Mais ce moyen d'y ramener le crédit s'est trouvé momentanément inefficace. Les ventes d'immeubles, les procédures même pour arriver à ces ventes, étaient impossibles, à défaut de capitaux.

Enfin, et pour tout dire, les difficultés que put rencontrer la réorganisation du travail ne furent pas toutes inhérentes à la situation. Elles vinrent souvent des propriétaires plus que des travailleurs. Ils se cabraient à ce reproche; ils le déclaraient inadmissible, incroyable. N'étaient-ils pas en effet les premiers intéressés à la cessation de la grève?... Eh! sans doute, comme autrefois ils étaient intéressés à bien traiter et à conserver leurs esclaves, ce qui n'empêchait pas les sévices, les cachots, tous les abus du pouvoir dominical qui décimaient quelquefois les ateliers. On ne dépouille pas facilement le vieil homme, moins facilement encore le vieux maître. Beaucoup ont voulu plier le serf, qui se redressait libre enfin, aux habi-

tudes, aux règlements, à la discipline du travail servile ou du régime ancien des habitations. L'esclave
d'hier, citoyen aujourd'hui, n'a pas toujours été
traité, sinon comme un frère, au moins comme un
égal. « Notre ennemi c'est notre maître, » a dit le bon
La Fontaine ; il fallait désormais se montrer ami et
bienveillant à ceux qu'on avait eu le malheur de posséder au même titre que bœufs et mulets. C'est ce
qu'on ne comprit pas assez. On se plaignait des influences, des *interpositions*. On fit grand bruit, dans
l'origine, de menées qui avaient pour but de détour-
ner les ateliers du travail, et d'entretenir l'agitation
dans le pays. Les meneurs restèrent invisibles et in-
trouvables pour la police, malgré les ordres les plus
formels du commissaire général de les saisir, s'il y en
avait. Qu'était-ce donc ? rien de semblable. Le colon
avait perdu l'autorité du fouet, son vieux sceptre, et
il ne conquérait pas encore l'ascendant de la bien-
veillance et des ménagements entre hommes libres
ayant besoin les uns des autres. Loin de là, on avait
recours aux mesures acerbes, à l'emploi de la force
armée pour des expulsions autorisées sans doute par
la loi, mais qui brisaient la famille. Les rigueurs inutiles, le mépris et l'insulte ne sont pas propres à
opérer des rapprochements, et un jour cette sévère
apostrophe dut être adressée à ceux qui se four-
voyaient ainsi : « Pour Dieu, jetez quelques cris de
détresse de moins, et venez un peu plus en aide à l'autorité. Oubliez davantage le passé ; soyez les premiers
surveillants du travail et de la propriété dans vos habitations. Respectez vos nouveaux concitoyens pour

qu'ils vous respectent eux-mêmes, et ne permettez pas qu'ils soient traités de *brutes* et de *chenilles* dans les colonnes d'un journal, car si après l'insulte venait le désordre, qui donc faudrait-il en accuser! ? »

Le commissaire général avait un tout autre système. Pendant ces longues tournées où il se mettait en rapport avec les populations, il obtint la confiance des travailleurs en se montrant bienveillant et ferme, juste et sévère en même temps. Il y en eut un exemple au Lamentin. Après la séance où les propriétaires et les travailleurs s'étaient entendus par son intervention, une députation, bannière en tête, vint demander au commissaire général la révocation du maire. Cette révocation était arrêtée dans la pensée du commissaire général; et elle eut lieu plus tard, mais elle ne pouvait être accordée ainsi ; il fallait conserver à l'autorité son prestige. Le commissaire général adressa des paroles de blâme aux pétitionnaires; il leur dit que le gouvernement n'était pas dans la rue, mais bien dans les mains du représentant de la République, qui saurait user de son autorité dans l'intérêt général, en protégeant tous les droits et tous les intérêts. Peu d'instants après, l'adresse suivante venait témoigner hautement des bons sentiments et de l'intelligence des nouveaux citoyens :

« Citoyen commissaire général,

« Les nouveaux affranchis de cette commune vien-

---

(1) *Gazette officielle,* n° 44. En réponse au *Commercial* du 19 juillet.

nent, par notre organe, vous offrir l'expression de leur reconnaissance, en même temps que celle de toutes leurs sympathies pour l'homme qui a si noblement défendu leurs droits trop longtemps méconnus, et qui, par un bonheur providentiel, a été appelé à les conduire dans les voies de la liberté où ils marcheront, dignement éclairés qu'ils sont par vos *paternels avis sur leurs devoirs d'hommes et de citoyens, et par votre sévère impartialité*, première condition de tout commandement légitime, et surtout du commandement démocratique.

« Nous nous associons aussi, citoyen commissaire général, aux vœux de nos nouveaux concitoyens, et, comme eux, nous ne cesserons d'entourer de notre dévouement le digne chef auquel la France républicaine a confié nos nouvelles et glorieuses destinées.

« Salut et fraternité. Vive la République !

« 26 juillet 1848.

« *Signé :* H. Honoré, Marquet, L. Dastinux, Grégoire, L. Delphin, Saint-Vel Adrien, C. Mathurin [1]. »

C'est ainsi que le commissaire général a rétabli et organisé le travail à la Guadeloupe. Des abolitionistes seuls peut-être on pouvait attendre le dévouement nécessaire à pareille tâche, parce que c'était pour eux un apostolat, le couronnement de l'émancipation.

Banque de prêt. — Papier-monnaie.

La question du travail se compliquait de difficultés

[1] *Gazette officielle*, n° 13.

diverses, au rang desquelles il faut mettre l'épuisement de toutes les ressources du pays. La détresse des
particuliers avait amené celle du trésor. Les dépenses
du service local avaient été, en partie, suspendues
par les premiers arrêtés du commissaire général, et
les fonctionnaires civils ou militaires avaient été mis
forcément à la demi-solde. Toutes rentrées d'impôts,
tous paiements, toutes transactions entre particuliers devenaient impossibles, à défaut du numéraire,
qui s'était écoulé par tous les pores de la fortune publique ou privée. C'est dans ces circonstances que le
conseil privé fut convoqué à la Pointe-à-Pitre par le
commissaire général pour les délibérations d'où la
Banque de prêt est sortie.[1] Les opérations de cette
banque consistent à délivrer du papier-monnaie sur
dépôt de connaissements de denrées d'exportation,
chargées à bord des navires, ou sur dépôt soit de
ces denrées elles-mêmes, soit de matières d'or et
d'argent. Le papier-monnaie ainsi mis en circulation
avec cours forcé remplaça aussitôt le numéraire. Les
sucres redevinrent l'or du pays. Longtemps avilie, la
riche denrée fut cotée en hausse[2]. Les affaires com-
merciales se ranimèrent. L'habitant put s'acquitter
envers le travailleur, le contribuable envers le fisc.
Les recettes publiques dépassèrent même bientôt les
prévisions réduites, qu'on avait dû calculer sur le
déficit probable d'une récolte exceptionnellement et
fatalement mauvaise, comme on l'a déjà vu, et qui

(1) *Gazette officielle*, n° 38.
(2) De 3 à 4 fr.

s'achevait dans les premières émotions de l'affranchissement.

Cette création dut son succès, inespéré de presque tous, à la nécessité d'abord, puis à la confiance générale entretenue par l'impartialité du gouvernement, par le maintien absolu de l'ordre, et par la reprise successive du travail. Le papier-monnaie, complétement justifié par son succès même, eut d'ailleurs l'approbation du ministre de la marine et des colonies [1].

Élections. — Menées électorales ou anarchiques. — Attitude des mulâtres. — Clubs.

Cependant les élections se préparaient, autre obstacle à la reprise du travail, s'il avait fallu en croire les perpétuels dénonciateurs de désordre et de chômage. On s'écria de toutes parts : les *menées électorales* détournent nos travailleurs. On avait fait grand bruit auparavant des *menées anarchiques*. Il y avait, disait-on, une autorité occulte disposant des ateliers par des agents mystérieux que personne ne pouvait ou ne voulait indiquer. On accusait l'influence générale des mulâtres, l'*interposition* de prétendus amis de l'ordre, effaçant l'ombre encore subsistante du vieux pouvoir dominical... Il y eut, en cela comme en tout, beaucoup d'exagération, de terreur panique et d'injustice.

Dès son arrivée, le commissaire général avait donné les ordres les plus formels pour que les agitateurs, s'il y en avait, fussent rigoureusement poursuivis. Il eut

(1) Par dépêche du 15 août. *Gazette officielle*, n° 50.

plus d'une fois, dans ses tournées, l'occasion de se fixer à cet égard, et de faire connaître sa pensée.

Au Moule, en présence des principaux propriétaires et des travailleurs réunis à la mairie, un mulâtre ayant été interpellé avec assez de vivacité, des explications eurent lieu contradictoirement, et le commissaire général déclara qu'en fait d'influences il y avait les bonnes et les mauvaises, que ceux qui s'interposaient dans l'intérêt de l'ordre et du travail, par conséquent dans l'intérêt de la propriété elle-même, dans des vues de paix, de conciliation et d'assistance fraternelle pour les nouveaux libres, faisaient acte de bons citoyens, qu'ils remplissaient un devoir public dans la situation des choses, et méritaient bien de la colonie; qu'au contraire les fauteurs de discorde ou d'agitation devaient être signalés à l'autorité, recherchés par elle, et atteints, le cas échéant, des peines les plus rigoureuses.

A Marie-Galante, dans des circonstances semblables, l'accusation *d'influence* s'élevait contre M. Alonzo, dont le nom figure déjà honorablement dans cet écrit. « Mais, messieurs, répondit-il avec une grande modération, cette influence, je ne crois pas en avoir jamais mal usé; et cela devrait être évident pour vous, car beaucoup d'entre vous sont venus me trouver, et m'ont demandé mon intervention pour le rétablissement du travail sur leurs habitations. J'ai accédé à leurs désirs, et j'ai eu la satisfaction de réussir. » Le fait était vrai; il ne fut pas dénié : il s'était produit dans beaucoup d'autres localités. Voilà ce qui s'est passé sous les yeux du commissaire général, en assemblée publique.

Rois détrônés, acceptant difficilement la déchéance, les colons n'en persistaient pas moins dans leurs incriminations passionnées, sans s'apercevoir qu'ils se montraient souvent ingrats envers des hommes auxquels sont dus en grande partie le succès de l'émancipation, le maintien de l'ordre et du travail, le salut des colonies. Voilà ce que dira sans doute un jour l'impartialité de l'histoire. Du reste n'a-t-on pas posé le commissaire général lui-même en désorganisateur ? N'a-t-on pas indignement travesti ses conseils aux ateliers, en affirmant avec effronterie, jusque dans un journal, qu'on avait entendu des paroles qu'il n'a jamais prononcées ? N'a-t-on pas dit enfin qu'il prêchait partout l'ordre et le travail, qu'il donnait ostensiblement des instructions contre les agitateurs, mais que ses ordres secrets prescrivaient d'entretenir l'agitation ? Ce monstrueux machiavélisme, cette audace de diffamation, ont toujours été les armes favorites des hommes de la résistance quand même, et c'est ainsi qu'ils ont récompensé tant de services rendus à la colonie, dont ils ont profité tout les premiers.

En même temps, on se plaignait des clubs qui avaient pour principal objet de discussion les candidatures à l'Assemblée nationale. On voyait avec chagrin l'éducation politique du pays, surtout en ce qu'elle était faite principalement par des fonctionnaires nouveaux qui auraient agi avec plus de circonspection et de convenance relative, s'ils n'avaient pas donné ainsi aux alarmistes et aux rétrogrades au moins des prétextes d'accusation. Les clubs étaient à la Guadeloupe le contre-poids d'une presse monopolisée, instrument actif de discorde et de désorganisation. C'est elle qui leur avait donné naissance par l'oppression et l'escamotage du sentiment public de tout un pays sous les clameurs de quelques hommes. Le commissaire général pensa que, dans ces circonstances, il y avait lieu seulement de réglementer le droit de réunion, et ce fut l'objet d'un arrêté dont les dispositions principales se sont retrouvées dans la loi votée plus tard par l'Assemblée nationale pour le même objet[1].

C'est dans cette situation que se firent les élections. Il n'y en a guère sans agitation politique ; et pour la première fois, toute une population, tenue jusque-là en état d'ilotisme, était appelée à l'exercice de son droit souverain, par le suffrage universel. Certes on pouvait appréhender plus que de l'agitation purement politique, des abus scandaleux d'influence, des violences, des désordres graves. N'a-t-on pas vu tout cela, même en France, même dans les élections du pays légal, lorsque le droit d'élire était le privilége du cens supposant lumières et capacités ? Eh bien ! rien de pareil ne s'est produit à la Guadeloupe. Les menées ?... en fallait-il tant pour que le mandat des affranchis fût confié à leurs libérateurs plutôt qu'à leurs anciens maîtres ? Ce résultat n'était-il pas écrit au livre des destinées sociales, avec l'émancipation

(1) *Gazette officielle*, n° 41.

de 90,000 esclaves dans la colonie de la Guadeloupe? Les hommes de la résistance et leurs candidats vaincus avec tant d'éclat purent seuls s'en étonner. Ont-ils été d'ailleurs purs eux-mêmes des reproches adressés aux vainqueurs?... Les anciens et les nouveaux libres votèrent presque comme un seul homme pour MM. Perrinon et Schœlcher. Comme un seul homme aussi la garnison et la flotte votèrent pour des citoyens inconnus aux soldats et aux matelots. Le plus sage aurait été de ne pas trop approfondir les secrets de l'urne électorale.

Le commissaire général n'avait pas reconnu aux militaires ni aux marins le droit de participer à l'élection des représentants de la colonie, faisant en cela une saine interprétation des décrets. Les conseils municipaux du Moule et de la Pointe-à-Pître prétendirent cependant inscrire ces électeurs sur les listes. Leurs délibérations furent annulées, et le commissaire général permit seulement aux marins et aux militaires de voter séparément, sans confondre leurs votes avec ceux des électeurs civils, de façon que l'Assemblée nationale pût les admettre ou les rejeter sans danger pour la validité des opérations. Une dépêche du ministre a fait voir qu'on avait à tort engagé sur ce point une polémique passionnée dont le seul but était d'ailleurs de faire de l'opposition au commissaire général.

En définitive, le scrutin fut ouvert à tous; et tous, civils ou militaires, ou marins, y prirent part. Les élections furent calmes et libres. C'est ce qui résulte d'un rapport du procureur général sur l'ensemble des faits qui lui furent dénoncés. Les nouveaux citoyens se montrèrent dignes de la liberté, et le maire d'une des communes les plus populeuses [1], faisant preuve d'une noble indépendance, crut devoir leur rendre hautement cet hommage dans l'un des procès-verbaux envoyés à l'Assemblée nationale.

La grève de *la grande semaine*, comme dirent les mécontents, fut en tout cas de courte durée. Le travail se montra de nouveau sur tous les points de la colonie. C'est après les élections que l'administration recevait tous les rapports dont quelques extraits ont été transcrits plus haut [2].

Milices. — Organisation de la police. — Ateliers de discipline. — Jurys cantonaux. — Vagabondage. — Maraudage, etc. — Attroupements.

La Guadeloupe possédait un élément d'ordre dans ses milices. Cette institution n'y avait pas été anéantie comme à la Martinique, mais il fallait la ranimer. Ce fut l'objet de la sollicitude du commissaire général. Son ordre du jour du 10 juillet rappela aux miliciens tous les services qu'ils étaient appelés à rendre plus que jamais :

« Dans les nouvelles conditions sociales et politiques où se trouve la colonie, les milices sont la première garantie de l'ordre et de la liberté. Elles doivent être, plus que jamais, une force puissamment

(1) Sainte-Anne. — Maire, l'honorable M. Leterrier d'Equainville, qui s'est montré partisan éclairé du progrès, quoique ancien privilégié.
(2) Pages 30-37-44-45.

organisée, toujours présente et agissante dans chaque localité, pour y sauvegarder les personnes et les propriétés.

« Les citoyens ne peuvent manquer de comprendre les obligations rigoureuses du service dans toutes les circonstances où ils seront appelés à prêter mainforte aux autorités civiles et militaires agissant, notamment, — pour la répression de tous troubles, désordres, rassemblements, coalitions, défenses de travail ou autres faits semblables, — quels qu'en soient les auteurs ; — pour l'expulsion, par voie de police administrative, de tous gens oisifs qui resteraient sur les habitations ou dans les cases, sans droit, malgré les propriétaires, conformément au décret sur la répression du vagabondage ; — pour l'exécution des jugements ou arrêts, et des décisions des jurys cantonaux.

« Les citoyens ne peuvent oublier non plus que, pour répondre au but de son institution, la milice doit former, dans son organisation, comme dans l'esprit qui l'anime, un faisceau fraternel abjurant toute distinction d'origines, sous le drapeau de la République.

« Une inspection générale des milices sera passée sans retard, etc. [1] »

L'organisation générale de la police, notamment de la police des campagnes [2] ;

(1) *Gazette officielle*, n° 38. L'organisation des *gardes nationales* qui doivent remplacer les *milices*, en exécution du décret du 3 mai 1848, a été suspendue par ordre du ministre de la marine et des colonies.

(2) Arrêté du 9 août qui détermine les attributions du com-

L'établissement des ateliers de discipline, pénitenciers spéciaux du vagabondage [1];

La mise en activité des jurys cantonaux connaissant de tous délits ou contraventions, et de toutes contestations civiles, relatifs au travail [2];

Une série d'arrêtés pris dans la limite légale des pouvoirs de police confiés à l'autorité administrative, pour la répression des faits de quasi-vagabondage, de maraudage, de retour sur les habitations après expulsion, de menaces, voies de fait et violences *légères* non prévues par la législation locale [3];

La mise en vigueur de la loi sur les attroupements [4].

Toutes ces mesures ont puissamment garanti l'ordre et le travail, en introduisant la discipline légale dans la liberté.

Les arrêtés qui viennent d'être mentionnés étaient le complément nécessaire des décrets qui n'avaient pu tout prévoir, ni entrer dans le détail des mesures de police que la législation laisse à l'autorité administrative et qui trouvent une sanction générale dans l'article 471, n° 15 du Code pénal. La moralisation des nouveaux libres y était intéressée, en même temps que l'ordre public et la propriété. D'autre part, la liberté n'y perdait rien, parce qu'il n'y a de vraie liberté que celle qui est soumise aux lois, *sub lege*

missaire central de sûreté, des commissaires de police d'arrondissement et de canton, et qui établit des surveillants ruraux ou gardes-champêtres, avec leurs adjoints, dans toutes les communes. (*Gazette officielle*, n° 45-46.)

(1-2-3-4) *Gazette officielle*, n° 45-46.

libertas. Cependant ces mesures furent de celles qui subirent de fausses appréciations. La Martinique les adopta sans hésiter, après la Guadeloupe; la plupart avaient été proposées par le procureur général, M. Bayle, Mouillard l'un des hommes les plus antipathiques aux colons, malgré les services qu'il a rendus à la propriété, sans doute parce qu'il se montrait en même temps observateur de la légalité, et n'oubliait pas assez à leur gré qu'il avait exercé les nobles fonctions de patron des esclaves.

Ateliers de discipline

Les pénitenciers du vagabondage furent établis au nombre de cinq, à la Basse-Terre, à la Pointe-à-Pitre, à Marie-Galante, à Saint-Martin et aux Saintes. Les Antilles françaises ont leur Gibraltar; ce sont les plus hauts rochers des Saintes. Là, dans les meilleures conditions de sécurité publique, de salubrité et de moralisation des détenus; là, en vue de la population tout entière de la colonie, est, pourrait-on dire, l'atelier disciplinaire modèle, efficace par l'intimidation avant de l'être par l'amendement, pouvant recevoir jusqu'à deux cents condamnés que l'État peut utilement employer pour ses travaux de fortifications. Mais hâtons-nous de dire que le vagabondage est presque nul. Il résulte de l'état mensuel des arrestations opérées par la gendarmerie, que, dans le mois d'août, elle a livré à la justice cinquante-huit individus, parmi lesquels *quarante-six cultivateurs*, et seulement *six individus saisis comme vagabonds* [1]. C'est que

(1) *Gazette officielle*, n° 52.

la police ne se fait pas, disait-on. Mais le gouvernement de la colonie est passé en d'autres mains ; la police s'est faite sans doute, et le nombre des détenus dans les ateliers de discipline n'a pas augmenté. Il ne dépasse pas habituellement une moyenne de quinze, sur une population de 90,000 affranchis. Quels chiffres furent jamais plus éloquents !

Jurys cantonaux,

L'institution des jurys cantonaux, dont le commissaire général eut la pensée première, ne créa pas seulement une juridiction spéciale appropriée à la nature des faits dont ces jurys connaissent ; elle devait, en outre, initier les nouveaux citoyens à la pratique de la vie civile et de l'égalité, au sentiment de la justice sociale. On en obtint en effet ces bons résultats. Le rapport suivant émané du juge de paix de la Basse-Terre, l'un des plus honorables magistrats de la colonie, est d'une haute importance pour l'étude de la transformation de la race noire émancipée :

« Citoyen commissaire général,

« J'ai l'honneur de vous adresser la notice des jugements rendus par le jury cantonal de la Basse-Terre. Cette nouvelle institution essentiellement philanthropique, dont l'heureuse idée appartient à la commission chargée de préparer l'acte d'abolition de l'esclavage, est destinée à assurer l'ordre et le travail sur les habitations, si elle est conduite avec intelligence. *J'ai remarqué avec plaisir que les nouveaux libres*

*désignés par le sort à concourir à l'œuvre sainte de la jus-
tice mettaient beaucoup d'orgueil à remplir leur mission;
j'ai été généralement assez satisfait de leurs décisions;*
cependant, dans quelques circonstances, *j'ai dû chercher à en modérer la rigueur.*

« Jusqu'à présent je n'ai qu'à me féliciter de l'em-
pressement, je dirai même du zèle avec lequel les jurés répondent à mon appel; *leur bonne tenue à l'audience et le jugement dont ils font preuve dans la chambre
du conseil* me confirment dans la pensée que ces malheureux libres, tant calomniés et qui devaient être abru-
tis par l'esclavage, comprennent parfaitement leur
dignité.

« Les jurys cantonaux protégés et encouragés par
vous, citoyen commissaire général, dont les efforts
constants tendent à améliorer la position de la colonie, prospéreront sous votre administration sage et
éclairée; les résultats qu'on en obtiendra feront taire
les calomnies par lesquelles des hommes malinten-
tionnés, et à coup sûr ennemis de leur pays, égarent
l'opinion publique en France.

« Veuillez agréer, citoyen commissaire général,
l'hommage de mon respect.

« *Signé :* BELLETÊTE, *juge de paix.* »

A ce rapport il faut ajouter l'état des affaires por-
tées devant le jury cantonal de la Basse-Terre.

|Séance du 26 août 1848.

«100 francs d'amende contre Félix, *cultivateur,* pour
*manquements graves envers le citoyen Beauvallon, son
ancien maître, et plusieurs cultivateurs de son habitation.*

« 25 francs d'amende contre Samuel, *cultivateur* sur l'habitation Ch. Dain, *pour avoir troublé l'ordre et le travail au jardin.*

Séance du 9 septembre.

« 5 francs d'amende contre Azor, *cultivateur* sur l'habitation Pelletier, *pour manquements graves envers la citoyenne Suzanne, cultivatrice* sur l'habitation Charles Dain.

« 50 francs d'amende contre Alphonse Bouvier, *propriétaire et géreur sur l'habitation domaniale de Dolé, pour voies de fait et violences légères envers Benjamin, son ancien esclave.*

« 10 francs d'amende contre Betto, *cultivateur* sur l'habitation Petit-Marigot, pour *manquements graves envers l'économe.* »

Il faut savoir que les jurys cantonaux sont composés de quatre jurés, deux propriétaires et deux travailleurs, siégeant sous la présidence du juge de paix. Le légitime orgueil des nouveaux citoyens dans l'exercice de ces fonctions, leur bonne tenue à l'audience, la rectitude de leurs jugements, malgré *leur tendance à la répression excessive,* enfin cette impartialité qui applique des peines tantôt à des travailleurs, tantôt à un propriétaire, pour manquements ou voies de fait des uns envers les autres indistinctement, tous ces symptômes d'un progrès rapide sont remarquables au plut haut degré.

Régénération morale et intellectuelle. — Mariages. — Écoles. — Récompenses.

C'est qu'en effet la régénération morale et intellec-

tuelle s'est montrée comme première et heureuse conséquence de l'émancipation. En moins de deux mois,
on a pu compter cent soixante-deux mariages obtenus
à l'instigation d'un ami des noirs, M. Dugoujon, préfet
apostolique[1] ; et il y a eu un très grand nombre de
reconnaissances d'enfants à l'occasion de l'établissement des registres de l'état civil des nouveaux libres,
vaste travail dans lequel le commissaire général en-
cadra ainsi la constitution de la famille.

D'un autre côté, les écoles sont devenues partout
trop étroites. Les jeunes noirs y affluent, non-seulement les enfants, mais aussi les adultes, et s'y font remarquer par leur aptitude, souvent par leur préco-
cité et leurs rapides progrès dans toutes les parties de

[1] *Gazette officielle*, n° 56. M. Dugoujon, en bien peu de
temps encore, a déjà rendu les plus grands services. On lisait
dans la *Gazette officielle* du 5 septembre :

« Dimanche, 3 septembre, fête paroissiale de la Basse-Terre
(*extra-muros*), M. l'abbé Dugoujon, préfet apostolique, assisté
de M. le curé de cette paroisse et de M. l'abbé Testou, a officié
pontificalement. Les nombreux fidèles réunis dans l'église du
Camp-Jacob pour cette solennité ont entendu avec émotion
les paroles éloquentes et sympathiques du nouveau chef du
clergé, notamment celles adressées aux nouveaux citoyens :
« Vous avez été les esclaves des hommes, leur a-t-il dit, et la
« République vous a faits libres. Ne soyez pas les esclaves des
« mauvais penchants, de la paresse et de l'oisiveté. Livrez-vous
« au travail avec ardeur et persévérance pour votre bonheur,
« pour votre moralisation, pour l'honneur de votre pays et de
« ceux qui vous conduisent dans les voies du salut, ou dans
« celles de la liberté civile ou politique. » M. le préfet apostolique a reçu les félicitations du commissaire général à l'issue
de la messe.

Et pourtant voilà un des hommes que la réaction poursuit de
ses implacables rancunes !

l'enseignement. Combien de fois le commissaire général, parcourant la colonie, ne fut-il pas, avec bonheur, témoin des nobles aspirations de cette race à laquelle aurait été refusée la perfectibilité humaine, s'il fallait en croire ses détracteurs ! Ici encore, c'est par des chiffres victorieux qu'il faut leur répondre :

RAPPORT *sur l'état actuel* (septembre 1848) *des écoles des frères de la Guadeloupe, adressé au commissaire général de la République.*

BASSE-TERRE. — 300 élèves avant l'émancipation, aujourd'hui 400.— Total. 400

POINTE-A-PITRE. — 400 élèves avant l'émancipation, aujourd'hui 560. — Instruction du soir, 100 adultes. — Total. 660

MARIE-GALANTE. — 90 élèves avant l'émancipation, aujourd'hui. 150

MOULE. — 106 élèves avant la liberté, aujourd'hui 202. — Instruction du soir, 50 adultes. — Total. . . 252

DÉSIRADE. — 68 élèves avant la liberté, aujourd'hui 123. — Instruction du soir, 121 adultes. — Total. . . 244

SAINT-FRANÇOIS. — 64 élèves avant la liberté, aujourd'hui. 158

BAIE-MAHAULT. — 70 élèves avant la liberté, aujourd'hui 170. — Classe du soir, 42 adultes. — Total. . . 212

TROIS-RIVIÈRES. — 60 élèves avant la liberté, aujourd'hui 100. — Instruction du soir, 100 adultes. Tot. 200

SAINTE-ROSE. — 50 élèves avant la liberté, aujourd'hui 87. — Instruction du soir, 45 adultes. — Total. 132

Total général. 2408

Avant l'émancipation, on ne comptait dans les écoles des frères de Ploermel que 1,217 élèves appartenant à peu près exclusivement aux familles de couleur.

(1) *Gazette officielle*, n° 51-52.

Ce nombre était porté à 2,408 ; il était doublé, peu de mois après la liberté, par le premier contingent des noirs émancipés !

Quelques paroles prononcées par le commissaire général à l'école des frères de la Basse-Terre lors de la distribution des prix, à laquelle le chef de la colonie assistait, dit-on, pour la première fois, reflètent ses vues sur l'instruction des nouveaux citoyens en particulier et sur la direction qui doit être donnée à leurs tendances, dans l'intérêt du pays tout entier.

« Je ne veux pas quitter cette assemblée, cette touchante solennité à laquelle j'ai assisté avec tant de bonheur, sans faire entendre quelques paroles d'éloges et d'encouragement pour les maîtres et pour les élèves.

« Vous, mes frères, ce que vous êtes, le monde entier pourrait le dire. Partout, dans les deux hémisphères, sous toutes les latitudes, on vous retrouve pleins d'abnégation et de charité. Vous êtes ici en nombre insuffisant, je le sais ; depuis la liberté, vos écoles deviennent trop étroites, mais le flot monte et ne vous envahit pas ; jamais votre admirable dévouement n'a été au-dessous de votre grande et belle mission d'instituteurs du peuple.

« Vous, jeunes enfants, vous, l'espoir de l'avenir, un jour vous serez de bons et utiles citoyens. Votre enfance seule aura connu les mauvais jours, les jours de l'esclavage irrévocablement aboli par la République. C'est au soleil de la liberté que vos intelligences sont cultivées, qu'elles se développent et mûriront bientôt. C'est vous qui, par vos progrès et vos apti-

tudes, par votre amour du travail, glorifierez l'émancipation générale.

« Parmi vous, je ne puis le remarquer sans émotion,
il en est peut-être pour lesquels ma voix s'éleva devant un grand tribunal en France, réclamant des libertés pour vous ou pour vos mères dont vous étiez
inséparables. Eh bien, c'est à vous, c'est à vos pa-
rents, qu'au nom de la République je demande aujourd'hui l'application au travail, devoir de tous les
âges pour l'homme libre.

« Après avoir reçu dans ces écoles les bienfaits de
l'instruction primaire, l'agriculture vous attend : c'est
la nourrice du genre humain. Elle réclamera parmi
vous des bras et des intelligences, pour votre bonheur à vous-mêmes et pour la prospérité de la Guadeloupe. Je voudrais qu'à côté de nos écoles primaires
nous eussions des écoles d'agriculture, d'arts et de
métiers. Nous les aurons; la France, notre généreuse
patrie, veille sur nous; son représentant veillera toujours avec une vive sollicitude sur l'instruction publique, dette de la patrie envers tous ses enfants. »

Récompenses publiques. — Hospice de Dolé. — Salle d'asile à Gourbeyre.

Pour stimuler et développer tous les bons sentiments,
le commissaire général institua des récompenses publiques. Plus d'une fois elles furent méritées par des
actes de générosité, par des traits de dévouement
publics que jamais aucun prix Montyon n'alla chercher
par-delà les mers, dans la case du paria noir de nos

Antilles¹. Le commissaire général voulait aussi créer une médaille d'honneur destinée à ces travailleurs qui, par les bons exemples et les bons conseils, contribuaient à rétablir partout l'ordre et le travail. Souvent de la foule qui se pressait autour du commissaire général dans ses tournées, s'élançait un coadjuteur improvisé, qui, par sa résolution, par son intelligence, par son langage naïf, par ses engagements pris au nom de tous, assurait le succès des exhortations officielles. C'était toujours un travailleur d'élite. En attachant sur sa poitrine la médaille d'honneur, le chef de la colonie aurait semé des germes d'émulation féconde.

Dans ces choses, comme en beaucoup d'autres, l'insuffisance des recettes publiques et l'épuisement des fonds de réserve antérieur à l'arrivée du commissaire général lui refusaient le plus puissant des moyens d'exécution. Les secours qu'il obtint de la métropole n'arrivèrent que pour son successeur ; et cependant un hospice fut ouvert à Dolé, dans le voisinage de la source thermale, pour les infirmes, les vieillards ou les invalides du travail. Le commissaire général faisait aussi préparer l'ouverture d'une salle d'asile à Gour-

---

(1) *Gazette officielle*, n° 42 :

Récompenses nationales de 100 fr. :

A la citoyenne *Machère*, de la Basse-Terre, qui remettait tous les mois à son ancienne maîtresse, tombée dans la misère, la moitié de ses gages ;

Au citoyen *Alexandre*, de la Capesterre, nourrissant, par son travail, la veuve et les enfants de son ancien maître.

— *Gazette officielle*, n° 44 :

A la citoyenne *Zaïre*, pour avoir sauvé la vie à un malade.

beyre, dans les bâtiments du val Kanaers. Il utilisait pour ces établissements, comme pour les ateliers de discipline, les constructions déjà existantes et qu'il faisait approprier à leur destination nouvelle.

Une foule d'autres travaux administratifs ne peuvent qu'être mentionnés :

La délivrance des *titres commémoratifs de la liberté*, pour répondre au désir manifesté par les nouveaux citoyens de posséder ces titres comme papiers de famille et comme signe de rédemption [1];

L'impôt des rhums et tafias, dans un intérêt de moralisation et d'hygiène publique, combiné avec l'intérêt fiscal, sans oublier celui de la propriété [2];

L'impôt personnel, sous des chiffres calculés de manière à prévenir la désertion du travail rural, 15 fr. dans les villes, 10 fr. dans les bourgs, 5 fr. dans les campagnes [3];

(1) *Gazette officielle*, nᵒ 37. Ces titres n'ont rien de commun, bien entendu, avec les *patentes de liberté* d'autrefois. Les nouveaux citoyens sont libres par la volonté souveraine de la nation, en vertu des décrets préparés par la commission et sanctionnés par le Gouvernement provisoire de la République. Le titre commémoratif n'est autre chose qu'un extrait des registres de l'état civil, contenant l'acte dressé pour chaque nouveau citoyen, extrait délivré avec certaines solennités.

(2) *Gazette officielle*, nᵒ 30.

(3) *Gazette officielle*, nᵒˢ 45-46.

Un règlement général pour le recouvrement des impôts[1];

Des études confiées à une commission sur le système général des impositions coloniales et municipales à modifier d'après la législation du régime libre[2];

Un projet de réforme postale ayant pour objet de modérer les taxes et d'en faire entrer le produit dans les caisses publiques, en supprimant les fermes ou régies bâtardes qui se sont perpétuées comme un reste de la vieille fiscalité[3];

Enfin la mise en vigueur de la loi sur les faillites, pour placer le commerce de la colonie dans les mêmes conditions que celui de la métropole, et sous le bénéfice des mêmes améliorations législatives[4];

Toutes ces mesures ont complété l'ensemble d'un vaste système organique dont la réalisation dans toutes ses parties n'était plus qu'une question de temps ou d'argent, et se trouvait assurée du reste par l'arrivée des secours de la métropole et par l'amélioration générale de l'état de la colonie.

C'est à la vue de cet enfantement du nouveau régime colonial, dans l'une de nos plus importantes colonies, qu'un journal, hostile du reste aux deux commissaires généraux des Antilles, le *Courrier de la Martinique*, laissait pourtant échapper, sauf restrictions, des aveux involontaires, comme celui-ci, à propos de l'impôt sur les rhums et tafias :

« A la Guadeloupe, *où, généralement, on fuit assez*

---

(1) *Gazette officielle*, n° 40.
(2-3) *Gazette officielle*, n° 54.
(4) *Gazette officielle*, n° 47.

« *bien les choses*, quand on les fait, nous voyons que
« la distillerie a été divisée en cinq classes, etc. [1] »

Ou bien cet autre, à propos de l'exécution des décrets en général :

« La Guadeloupe, au moins, lutte encore. Une
« grande partie des décrets y est exécutée, notam-
« ment celui qui établit les jurys cantonaux. *Elle a*
« *une organisation régulière, une attitude convenable, une*
« *police surtout qui maintient l'ordre et la tranquillité.*
« C'est qu'il y a là, à ce qu'il paraît, un commissaire
« central de police, que secondent les autorités, et
« qui fait son devoir [*]. »

Cependant, de son côté, l'*Avenir* de la Pointe-à-
Pitre n'en déblatérait pas moins contre l'administration de la Guadeloupe, et, pour la décrier, il disait :
« Voyez la Martinique ; c'est là qu'on administre ! »
Au moins ces feuilles, qui vivaient dans un si touchant
accord de diffamation, auraient-elles dû concerter un
peu leur loyale polémique. On doit, au reste, saisir
cette occasion nouvelle de signaler les services de
M. Babeau, commissaire central de police, auquel le
Courrier de la Martinique lui-même rendait ainsi hommage, pendant que les lettres des patrons, publiées
par le *Journal du Havre*, disaient : « La police est
livrée à un câpre ! »

Haute commission de travail et de l'amélioration du sort des travailleurs.

Pour couronner l'œuvre entière, il restait à perfec-

(1-2) *Courrier de la Martinique* du 26 août. *Gazette officielle* de la Guadeloupe, n° 53.

tionner l'organisation du travail, dans l'intérêt combiné des propriétaires et des travailleurs. Cette tâche suprême, le commissaire général l'a proposée à la colonie tout entière, en instituant des commissions communales et un conseil supérieur qui devaient trouver, avec le chef de la colonie, le dernier mot du problème *travail*. L'arrêté indique lui-même la pensée-mère de cette création :

« Considérant que le complet rétablissement du travail est un des plus grands intérêts publics de la colonie, que la sécurité des populations, le respect de la propriété, la prospérité générale et l'honneur de l'émancipation en dépendent ;

« Considérant que si, dans un pays libre, d'où l'esclavage est à jamais extirpé, la plus entière liberté de contracter doit être laissée aux propriétaires et aux ouvriers, le gouvernement peut cependant intervenir comme médiateur pour les amener à prendre des arrangements équitables, et pour s'assurer que les conventions librement faites sont exécutées avec bonne foi et loyauté ;

« Considérant qu'il importe au succès du travail libre et au progrès de l'industrie agricole ou manufacturière d'en suivre et d'en étudier les essais et les résultats par une surveillance incessante ;

« Considérant, d'un autre côté, que l'amélioration du sort des travailleurs doit être aussi l'objet d'une constante sollicitude ;

« Considérant que les efforts de l'administration peuvent devenir plus efficaces encore par le concours des citoyens eux-mêmes, et que cette commune action étant régularisée ne doit laisser place à aucune autre intervention, si ce n'est du consentement des intéressés [1]. »

Le commissaire général voulut faire connaître lui-même ses vues dans la *Gazette officielle*, où on lisait, le 25 septembre, ceci :

« Si, malgré les bons résultats obtenus par les efforts de l'administration, et constatés récemment par le conseil privé, on ne peut cependant se dissimuler que la somme totale du travail libre ne soit tombée au-dessous de celle du travail forcé, on doit certes en accuser moins les propriétaires, les travailleurs ou l'administration, que l'imprévu des relations nouvelles du travail et de la propriété, et les difficultés inhérentes à la situation dans laquelle hommes et choses se trouvèrent brusquement introduits par le principe dominateur de la République.

« Aujourd'hui, après quatre mois de liberté et d'essai du travail libre, après cette expérience commune faite dans les conditions les plus fatales, révolution politique, transformation sociale, crise du commerce, avilissement des sucres, récolte peu productive ; aujourd'hui, propriétaires et travailleurs sont bien près sans doute de s'entendre. Pour les uns, les regrets et les illusions s'évanouissent nécessairement ; pour les autres, à la première ivresse, à l'insouciance de l'homme qui ne s'appartient pas, succèdent le sentiment et l'excitation des besoins d'une vie nouvelle ; pour tous, la lumière s'est faite ;

(1) *Gazette officielle*, n° 50.

oubli du passé, intelligence progressive de l'avenir, confiance réciproque, liberté respective, prochaine assistance financière de la Métropole, patronage de l'autorité publique, intérêt général de la population au retour de la prospérité dans la colonie ; de ces éléments doit sortir le travail régénéré plus fécond que jamais, récompense de nouveaux et suprêmes efforts.

« C'est dans ce but que les commissions ont été créées.

« La haute commission coopère à *l'organisation et au maintien du travail, au perfectionnement des méthodes agricoles ou manufacturières, à l'amélioration progressive du sort des travailleurs.*

« Là, seront étudiés tous les systèmes, seront discutés tous les faits, toutes les observations. Là, seront fixées les bases générales des contrats. Là, se discuteront les perfectionnements des méthodes de culture et de fabrication. Là, enfin, on s'occupera de toutes les questions morales, religieuses, hygiéniques ou matérielles qui intéressent les travailleurs. Car tout n'est pas dans la canne, et l'affranchissement n'a pas à lui seul acquitté la société envers les nouveaux libres.

« La haute commission sera tout à la fois, comme on le voit, un grand conseil dont les délibérations auront pour objet la vie, le salut, l'avenir du pays tout entier.

« Devant la haute commission, viendra se centraliser le travail des commissions communales appelées dans un rayon plus restreint à des fonctions analogues.

« Les conseils du travail et de l'amélioration du sort des travailleurs ne délibèrent pas seulement, ils agissent. Leurs membres visitent les habitations presque incessamment, pour exciter et encourager le travail, pour expliquer aux propriétaires et aux travailleurs leurs droits et leurs devoirs, pour assurer l'exécution des contrats.

« Un réseau de surveillance active et continue s'étendra ainsi sur toute la colonie.

« Chaque commune aura ses inspecteurs locaux, les membres de la commission communale. Elle aura de plus pour inspecteur spécial et supérieur l'un des membres de la haute commission délégué par le commissaire général de la République.

« Les rapports de ces délégués, les cahiers d'observations des commissions locales, adressés mensuellement au conseil supérieur, fourniront à ce dernier la matière de ses délibérations, et de là sortiront tous les projets, toutes les mesures à soumettre à l'autorité exécutive.

« C'est ainsi que le chef de la colonie a cru devoir provoquer le concours d'intelligences et de dévouements que suscitent toujours les grandes épreuves. Aux hommes qui répondront à cet appel, la reconnaissance publique réserve sans doute un beau titre, celui de restaurateurs du travail, de la concorde et de la prospérité dans ce beau pays. »

Il s'agissait non seulement de réunir en faisceau toutes les lumières, mais aussi de mettre les mécontents ou les alarmistes aux prises avec la question. Aussi la haute commission fut composée, sans distinction d'opinions ou de partis, des hommes dont le concours devait être le plus utile. MM. de Beauvallon fils [1], Amé-Noël, Caillou, Castaing, Lamoisse, Lemesle, Cottin, Jh. Favreau, Cicéron, Bébian, J.-J. Chérot, Casse, Roussel-Bonneterre, à côté de MM. G. Darasse, Belleroche, Laurichesse, de Beaussire [2], Foignet, Baffer, Mérentier, Jarry, Magloire, de Villepin, Virgile, avec les chefs d'administration, et le préfet apostolique ; voilà les coopérateurs désignés [3].

Eh bien, le croirait-on? cette institution, comme si l'initiative du commissaire général avait été une tache originelle, se trouva en face d'hostilités d'abord assez embarrassées de se produire, mais bientôt plus osées. Elle fut attaquée par l'*Avenir*, comme tout le reste, et finalement anéantie, sous prétexte qu'elle créait des rouages nouveaux dans l'administration, qu'elle entraînait des dépenses onéreuses, qu'enfin *elle ne se justifiait pas par la nécessité.* — A la bonne heure ; mais alors les choses allaient-elles donc si mal qu'on ait pu dire avec vérité: Il n'y a plus de travail? Quoi qu'il en soit, l'arrêté *concernant l'organisation du travail et l'amélioration du sort des travailleurs,* pensée féconde peut-être pour l'avenir, si on en avait suivi la réalisation, témoigne hautement, avec l'ensemble des actes du commissaire général, qu'il se préoccupa toujours de l'intérêt du pays, résumé, pour

(1) Élève de l'école de Grignon.
(2) Comme président de la cour d'appel, jusqu'à l'arrivée de M. Hardouin.
(3) *Gazette officielle,* n° 50.

toutes les classes de la population, par ces mots :
ordre et travail dans la liberté.

Nouvelle tournée. — Élections municipales.

Au mois d'octobre, à bord du *Phoque*, et accompagné de M. Virgile, son aide de camp, il entreprit une tournée nouvelle commencée par les dépendances, et qui devait s'étendre encore une fois à toute la colonie. Il visita les îles des Saintes et les travaux du fort Napoléon ; l'île de Marie-Galante qu'il inspectait pour la seconde fois, ses trois communes et ses importantes sucreries ; l'île de la Désirade, son camp des lépreux, ses cultures ravagées par l'ouragan du 21 août, sa population secourue auparavant par des envois de vivres, de vêtements, de matériaux et d'argent.

Le commissaire général se proposait non seulement d'assurer plus encore l'ordre et le travail en reparaissant sur tous les points de la colonie, mais aussi de vérifier par lui-même l'état des esprits, pour faire procéder ensuite aux élections municipales. Il fallait en effet constituer les communes par le suffrage universel ; les modifications faites dans le personnel des maires et adjoints n'avaient été qu'un palliatif provisoire de la mauvaise composition des corps municipaux ; et les élections arrêtées dans la pensée du commissaire général, quoiqu'on n'en voulût pas autour de lui, allaient commencer dans les dépendances, pour être continuées dans les arrondissements de la Basse - Terre et de la Pointe-à-Pitre, successivement, avec la prudence qui pouvait être nécessaire.

Mais inopinément, le 10 octobre, avec des dépêches approbatives de ses derniers actes, comme toujours par le passé, le commissaire général reçut la notification de son rappel, sans motifs exprimés. Le gouvernement de la colonie et l'avenir de l'émancipation passèrent en d'autres mains, avec la responsabilité des événements ultérieurs. Ici par conséquent doit finir ce récit.

Résultats généraux. — Situation de la colonie, au 10 octobre.

Telle a été dans ses actes principaux et caractéristiques, dans ses pensées et dans ses vues, l'administration du commissaire général.

A son arrivée, la colonie était dans un état d'agitation grave. Pour les uns, il y avait une intense préoccupation du péril possible des personnes et des propriétés. Pour les autres, c'était le premier épanouissement de la liberté, la vive appétence de l'inconnu. Cessation du travail sur la plupart des habitations; aucun contrat entre les propriétaires et les cultivateurs; çà et là des effervescences qui se montraient comme des symptômes plus ou moins alarmants. — L'envoyé de la République parut, apportant les décrets libérateurs, la *bonne liberté*, comme disaient les émancipés, avec un dévouement sans bornes, et ses titres à la confiance de tous. Bientôt, sous l'influence de sa politique conciliatrice, l'ordre et la sécurité régnèrent partout. Les ateliers achevèrent la récolte; le travail fut repris et retrouva de jour en jour la régularité; l'activité nécessaires. Le trésor put faire ses recettes; tous les services publics reçurent une impulsion nouvelle. En un mot, tout fut organisé; et le commissaire général, en se retirant, laissa l'émancipation heureusement accomplie, la colonie sortant avec succès d'une crise redoutée. On put lui écrire avec vérité : « Vous laissez « notre pays dans le calme le plus parfait, le travail « rétabli partout. » — Ou bien encore : « Vous partez, « en laissant la Guadeloupe dans une parfaite tran- « quillité ; vous avez rétabli le travail, la confiance ; « d'autres recueilleront ce que vous avez semé[1]. » — Avec vérité, un journal a pu dire « que son successeur a trouvé le pays dans un état de calme parfait[2]. »

Oui, à la Guadeloupe, sous le gouvernement du commissaire général, un magnifique spectacle, un grand exemple ont été donnés au monde, aux civilisés eux-mêmes, par ces prétendus barbares d'Afrique tant décriés qui devaient refuser tout travail au colon désarmé de son fouet, se livrer à *leur paresse native*, au désordre, à l'anarchie, passer au communisme par l'incendie et le meurtre. Ainsi que leurs aînés venus en aide à la cause de l'ordre avec tant de patriotisme et de loyauté, ils ont noblement répondu à leurs détracteurs. Une population de 90,000 esclaves, à la Guadeloupe, a été brusquement introduite dans la liberté, sans violences, sans représailles, lorsque pourtant tous les maîtres n'avaient pas été humains. A la Guadeloupe, sous le gouvernement du commissaire

(1) Voir *Pièces justificatives*, n° 4.
(2) *Démocratie pacifique*, 2 mars 1840.

général, pas d'émigrations ¹, sécurité pour tous. On voyageait, jour ou nuit, sans rencontrer un malfaiteur. L'habitant dormait portes et fenêtres ouvertes, en pleine sûreté. On avait craint le vagabondage?... Les ateliers de discipline restèrent à peu près inutiles ! L'agriculture devait être abandonnée ; la famine devait sévir ; on a fait voter à l'Assemblée nationale 1,500,000 francs pour alimenter les colonies?... Et la production des *vivres* cultivés par les noirs a pris de tels développements qu'ils ont surabondé ! Et partout, en définitive, le travail a été compris, accepté comme une des conditions de la liberté ; l'agriculture a des bras, elle n'attend plus que des capitaux et du crédit !

Voilà les faits au mois d'octobre 1848. Au témoignage de tous les appréciateurs calmes et sincères, notre émancipation faite dans des circonstances si fatales et si difficiles, sans indemnité préalable ou simultanée, dépasse cependant de beaucoup en bons résultats l'émancipation anglaise. Et pourtant la France et le gouvernement furent indignement abusés... L'esquisse rapide mais fidèle qui précède serait incomplète si on n'y ajoutait quelques traits.

Les rétrogrades. — Les journaux. — Les correspondances· — Les hommes de progrès. — Fausses appréciations. — Politique de conciliation. — Faits et résultats acquis.

Au-dessus des hautes montagnes de la Guadeloupe

(1) Dans sa lettre publiée par *la Réforme*, nº du 20 mars, M. Pecoul, parlant *de la Martinique*, dit : « Ce n'est que dans cette colonie qu'il y a eu émigration de blancs. » — Et combien déménageaient ainsi par la fenêtre?...

s'élève encore la *Soufrière*, volcan dont les colères intérieures ne se trahissent plus que par de légères fumeroles. Dans les vieux âges, il y eut sans doute quelques grandes convulsions de la nature là où vous n'apercevez plus qu'une verdoyante Suisse des tropiques inondée de lumière et de feu. Ainsi, et bien plus redoutables, sous les cendres d'un passé trop regretté, ou dans l'ardeur des illusions présentes, couvent, rugissent, éclatent les passions incandescentes de quelques hommes avec lesquels il ne faut pas confondre la partie saine de l'ancienne classe privilégiée.

Fous sublimes à leur manière, sublimes d'aveuglement, ils ne trouvent en eux ni assez de raison, ni assez de patriotisme, pour dompter leurs antipathies, pour immoler leurs rancunes au bien public, pour accepter enfin les faits légalement et providentiellement accomplis. Le sceau de la fatalité est-il donc imprimé sur leur front? Et doivent-ils réaliser cette pensée d'un ancien : *Quos vult perdere Jupiter dementat!*

Ces hommes qui semblent tout faire pour perdre leur pays avec eux-mêmes, le *Journal du Havre* les signalait sans doute, en parlant au mois d'août, lui, le *Journal du Havre*, *d'une minorité qui n'accepte aucun rapprochement, qui persiste dans ses idées de violence* [1].

Écoutez-les pour savoir ce qu'ils sont et ce qu'ils veulent. L'un disait : « Il n'y a rien à faire dans ce pays, si l'on ne part de ce principe, que tous les mulâtres conspirent perpétuellement contre la paix publique et la propriété. » Un autre écrivait : « Il faut

---

(1) *Gazette officielle*, n° 49.

des topiques énergiques pour médicamenter l'ordre public et légal *chez un peuple à tête dure*, comme disait Moïse du peuple israélite. » Ceux-ci reprochaient au commissaire général de dire aux noirs : *Mes amis !* et disaient : *ma population !* Ceux-là trouvaient intolérables *d'être apostrophés d'un : Bonjour, citoyen !* par des nouveaux libres passant sur la route. Leur pensée commune et dominante, c'est qu'il y a une race malheureusement interposée entre la propriété et le travail, maîtresse chez l'habitant plus que lui-même ; c'est que l'état de *tutelle* est nécessaire pour les nouveaux citoyens, et que cette tutelle doit appartenir aux anciens maîtres ; c'est qu'une certaine contrainte dans les rapports du propriétaire et des travailleurs, au moins à l'égard de ces derniers, serait chose bien entendue ; qu'en ce sens, la liberté irrévocablement acquise n'est pas absolument inviolable ; que les îles sont toujours des vaisseaux à l'ancre où un peu d'arbitraire, sous le nom de vigueur, n'est pas d'un mauvais effet. »

Voilà ce qu'il faut révéler, non pas certes pour entretenir la division, mais au contraire pour signaler le mal et conjurer tous les bons citoyens d'y apporter remède.

Au service de cette minorité turbulente étaient des

_____

(1) « Je réclame *une ordonnance intelligente,* ÉNERGIQUE, *pour* OBLIGER *au travail les habitants* LIBRES *de nos colonies. Ce sera le plus grand bienfait pour les affranchis.* » Mémoire portant la date du 11 février 1848, adressé au duc de Montebello, ministre de la marine et des colonies, par l'un des délégués des colonies.

journaux, les seuls dans la colonie, malheureux convulsionnaires que tuait sans doute leur propre venin, plus dignes de pitié que de colère ! Pauvres aveugles, en tout cas, ils ne s'aperçurent même pas que, dans un pays en travail de régénération, ils pouvaient être utiles par l'enseignement et la discussion ; ils aimèrent mieux la lutte ardente et emportée, la polémique bilieuse, sans objet comme sans conscience. Étaient-ils du moins appuyés sur l'opinion publique ? On en peut juger. Un jour le cautionnement leur fut demandé, réduit à 8,500 fr., en considération des circonstances[1]. Ce fut d'abord l'occasion de vociférer contre le commissaire général qui avait eu la loyauté de ne vouloir pas gouverner une colonie avec la censure. L'exécution de la loi n'était qu'un prétexte ; il voulait évidemment tuer la presse ; on le traita de renégat. Puis on imagina d'apitoyer les bonnes âmes, ce qui n'était pas trop maladroit, au point de vue commercial. Mais après deux mois de mendicité opiniâtre, il ne tomba que trois ou quatre aumônes dans la sébile des aveugles criards, avec des lettres admirables ainsi conçues : « Monsieur, je n'avais plus qu'une gourde ; la voici, pour sauver votre estimable journal. » —Auparavant, lorsqu'il s'agissait des élections, la presse eut ses candidats. Les plus favorisés n'arrivèrent pas à 2,000 votes civils : il en fallait 18,000 pour être élu ! Jamais on ne vit plus complète déroute électorale. —Et voilà *les organes de l'opinion publique !* Organes sans contrôle d'ailleurs, sans libre contradiction possible,

_____

(1) *Gazette officielle*, n° 55.

car ils ont le monopole de la publicité aux colonies ;
et, bien entendu, leur *impartialité* n'admet pas les rec-
tifications, ou ne les admet que pour s'en faire le plus
souvent une occasion nouvelle d'injures, de calomnies
ou d'absurdes inventions.

Journaux et patrons multiplièrent leurs agitations
et leurs clameurs en proportion de leur impuissance.
A Paris, le gouvernement fut obsédé de démarches. A
la Guadeloupe, on s'agita pour des candidatures impossibles; on rêva l'exclusion, et de qui? Tout simple-
ment des 120,000 affranchis, anciens ou nouveaux ,
jouissant aujourd'hui de leurs droits civils et politiques , aussi bien que les anciens privilégiés ! Une
guerre à outrance et sans pudeur fut déclarée au commissaire général, parce qu'il tenait en échec les espérances et les systèmes insensés, et que d'ailleurs on
était revenu du premier sentiment qui avait fait juger
tutélaire la présence d'un gouverneur abolitioniste.
On ne se contenta pas d'accumuler des attaques stu-
pides et odieuses, en recourant à ce qui déshonore
toute bouche ou toute plume honnête, à l'imposture ;
on calomnia le pays lui-même par le tableau qu'on en
traçait pour la France. Partout l'anarchie, le désordre,
l'impunité des malfaiteurs, la désertion du travail, et
bientôt les friches, bientôt la barbarie, enfin des *mons-
truosités à effrayer ceux-là mêmes qui les écrivaient*, comme l'a dit avec tant d'à-propos un des plus honorables
citoyens de la colonie[1]. Tous les quinze jours, le pac-
ket anglais emportait correspondances et journaux,

_____

[1] *Gazette officielle*, nᵒˢ 51-52.

l'écume ou la lie de toutes ces ébullitions. Puis un jour, il fallut courber la tête, dur châtiment ! sous ces paroles écrasantes de l'amiral Bruat : «Si vos ports ont été abandonnés jusqu'à ce jour, c'est qu'en Europe on vous croyait en proie aux plus affreux désordres. Moi-même je pensais, en venant vers vous, qu'il me faudrait tirer le sabre ; mais l'ordre et la tranquillité vous sont assurés ; je vous promets de les maintenir [1]...»

C'est ainsi que ces hommes font tout pour mener leur pays aux abîmes. Si le commissaire général avait pu se *créoliser* avec eux, s'il avait rétabli ou tenté de rétablir la situation violente où se trouvaient autrefois les colonies, lorsqu'on les gouvernait sans compter avec l'immense majorité de la population, il aurait été placé sur un haut piédestal ; l'encens aurait fumé ; bien des vipères n'auraient pas lancé leur venin, pour récompense du maintien de l'ordre et du travail au profit des calomniateurs eux-mêmes [2].

Voilà ce qui s'est passé d'un côté.

(1) *Réforme* du 5 fév. 1849.

(2) Des calomnies pour récompense de services incontestables rendus à la propriété !... Autant valut ce qui arriva un jour à la Capesterre. Le commissaire général y était venu à bord du *Chaptal*, et se rembarquait, non sans difficulté ni même sans danger, sur une plage où la mer brise toujours avec force. Au milieu des acclamations de la foule qui enlevait son canot jusque dans les vagues, une voix isolée émit charitablement un vœu de naufrage... Quels étaient donc vos griefs, étrange mysanthrope ? Est-ce pour avoir concilié les propriétaires et les travailleurs dans votre commune, dès son arrivée dans la colonie, que le commissaire général était voué par vous aux requins de la mer des Antilles ?

De l'autre, par fatalité, les hommes de progrès avec lesquels le commissaire général était uni d'intentions et de cœur, quelques-uns du moins, se montrèrent ombrageux, sans sujet de l'être. La politique conciliatrice avait ses conditions, ses nécessités qu'ils prirent trop facilement pour des concessions faites à des influences imaginaires. Aux yeux du commissaire général, cette politique n'était que le meilleur moyen d'arriver au but commun, à la réalisation de l'égalité entre les races, au triomphe solide et durable des saintes causes ; oui, saintes pour lui, car il leur fit tous les sacrifices. Elle n'impliquait certes ni aucune tiédeur des sympathies, ni aucun relâchement des principes. Elle n'avait peut-être qu'un tort, celui de devancer le temps, en ce sens que laisser aux anciens privilégiés, non pas la prépondérance, mais seulement leur part d'influence et d'action, c'est trop encore..., s'ils veulent être rétrogrades. Mais il n'y avait là qu'un dissentiment, sans altération possible d'une foi vive et profonde, lorsque tant de gages ont été donnés, lorsque les actes plus sainement appréciés devaient protester eux-mêmes contre un doute après tout inadmissible.

Les rétrogrades ne s'y trompèrent pas, et c'est pourquoi ils voulurent obtenir le rappel du commissaire général, *per fas et nefas*.

A leur tour, les hommes de progrès s'aperçurent sans doute qu'ils s'étaient trompés, lorsque, calomniés eux-mêmes à l'occasion des charivaris de la Pointe-à-Pitre, ils remirent au commissaire général cette adresse revêtue de nombreuses signatures, et des plus honorables : « Nous protestons de toute la force de

« notre patriotisme, avec toute la sincérité de notre
» amour pour la République française, de notre dé-
« vouement au maintien de l'ordre, de la tranquillité
« publique, et au triomphe des institutions républi-
« caines confiées à la sauvegarde du drapeau fran-
« çais. De nouveau *nous venons vous offrir et vous assu-*
« *rer notre concours* dans toutes les circonstances où il
« s'agira de prouver à la France que les Africains et
« leurs descendants sont dignes d'être comptés au
« nombre de la grande famille française[1]. »

Mais l'irréflexion avait été trop vite et trop loin. Il
faut dire à tous la vérité. Chose étrange ! Il y eut chez
quelques-uns, soit aux colonies, soit en France, une
telle myopie, ou de telles illusions sur l'avenir, qu'ils
firent eux-mêmes les affaires d'une réaction dont le
commissaire général arrêtait l'essor. La mission de ce
dernier aux Antilles avait une signification ; son rappel devait nécessairement avoir la signification contraire, et se traduire en inquiétudes pour les nouveaux
libres, pendant que d'autre part se relèveraient les espérances réactionnaires. Il y eut là une faute politique énorme, principalement imputable à l'un de
ceux qui auront exercé le plus d'influence sur le sort
des colonies. L'exacte appréciation des hommes et
des choses ne fut pas donnée à un esprit peu pratique
et que sa loyauté ne put sauver de son absolutisme.

(1) *Gazette officielle* du 5 octobre, n° 55. Certains articles du
Commercial avaient valu des charivaris ou des tentatives de
charivaris à leur auteur très *connue* à la Guadeloupe, et dont il
faut taire le nom *pour pénitence.* Les mesures prises par l'autorité maintinrent l'ordre ; mais il n'y en eut pas moins des paniques et des colonnies. Pauvre Guadeloupe, par qui agitée !

Appuyé sur les citoyens qui étaient calomnieusement accusés de fomenter la désorganisation, et qui pourtant offraient si généreusement leur concours, appuyé sur les bons éléments de tous les partis, soutenu d'ailleurs avec vigueur par le gouvernement, le commissaire général devenait tout-puissant contre les énergumènes, pour asseoir le régime libre et la prospérité nouvelle de la colonie sur des bases inébranlables. Voilà ce qu'il aurait fallu voir, au lieu de faire cause commune, avec qui? avec les énergumènes eux-mêmes !

Sous la pression d'une double influence, il y eut de la part du gouvernement une double concession, sans aucun blâme. Loin de là, tous les actes du commissaire général, tous sans exception, avaient été constamment approuvés, *même par des dépêches jointes à celle qui le rappelait ;* et constamment il avait suivi la politique prescrite, comme on l'a vu, par le gouvernement lui-même [1].

Mais comment s'expliquer cette double concession? Devait-on transiger avec les passions des uns, ou avec les erreurs des autres? N'aurait-il pas été plus politique, plus opportun et plus juste de tendre la main à l'administrateur qui n'était point blâmé, et qui de cet appui aurait reçu une force immense pour continuer à faire le bien dans sa position d'indépendance et d'impartialité? C'est ce que pensèrent les esprits sans préoccupation [2].

Les irréconciliables ennemis du progrès, ceux-là

(1) Voir page 11 et la note.
(2) *Pièces justificatives*, n° 4.

qui verraient passer dix révolutions, dix émancipations, sans rien oublier ni apprendre, eurent seuls à se réjouir, et ils firent éclater leur jubilation. Ils rappelèrent la fable antique de Saturne dévorant ses enfants. Ils eurent ce qu'ils désiraient avant tout, un chef militaire[1]; et ils se flattèrent de substituer la compression du régime libre à son développement successif et régulier comme l'entendait le commissaire général. Funestes aberrations ! périlleux anachronismes ! on suppose toujours des ilotes, toujours le mulâtre dans son état d'infériorité ancienne entretenue par l'ostracisme politique, toujours le noir abruti par l'esclavage. On oublie qu'il faut tout demander à la confiance de ce dernier, et tout redouter du froissement des libertés désormais acquises; on oublie que tout autre système se brisera, d'abord contre la force d'inertie, pour aboutir peut-être ensuite à d'effroyables calamités. Sous ce rapport au moins, nul ne peut le nier, les commissaires généraux avaient été heureusement choisis, car en eux apparaissaient aux populations affranchies des amis qui seuls peut-être en devaient obtenir l'ordre et le travail. A vrai dire, ce ne fut pas un choix; si le gouvernement avait eu sous la main des hommes plus sympathiques aux émancipés, c'est à ceux-là qu'il aurait dû confier une pareille mission.

Le temps qui manque souvent aux œuvres et aux

___

(1) En annonçant le rappel du commissaire général, le *Constitutionel* a dit : « Le gouvernement a nommé à sa place un « militaire européen, *d'accord en cela avec les désirs des (propriétaires de la Guadeloupe.* » — N° du 10 septembre 1848.

jugements des hommes confondra bien des calomnies et rectifiera plus d'une appréciation. Quoi qu'il en soit, et dès à présent, une vaste colonie et ses importantes dépendances réorganisées en quatre mois, ses belles et fécondes campagnes parcourues en tous sens, ses populations visitées, exhortées, ramenées à l'agriculture, dirigées dans les voies de la liberté, initiées au progrès moral et intellectuel, à la vie civile et politique, le calme profond et l'amélioration générale qui existaient *au* 10 *octobre;* quatre mois de gouvernement ainsi employés et suivis de pareils résultats dans des circonstances si difficiles, répondent assez aux diatribes des hommes qui ne renonceront jamais à calomnier les abolitionistes, dussent-ils aux abolitionistes leur salut! D'autre part, ces faits acquis à l'histoire de l'émancipation justifient sans doute la ligne de conduite politique et administrative suivie par l'un des agents de la République auquel était échue l'une des plus rudes tâches, après février.

«Partez, disait aux commissaires généraux réunis le ministre de la marine [1], partez, et si l'émancipation ne coûte rien à la sécurité des colonies, vous aurez bien mérité de votre pays.»

Eh bien! à la Guadeloupe, l'émancipation n'a pas fait tomber un cheveu de la tête de qui que ce soit, tandis que la traite et l'esclavage ont dévoré cinquante millions de victimes! Elle s'est opérée sans amener la ruine des anciens maîtres qui a des causes antérieures, ni la misère des affranchis, comme l'annon-

(1) M. Arago.

çaient les prophètes de malheur. En un mot, à la Guadeloupe, lors du départ du commissaire général, la situation était dominée par ce grand fait désormais acquis et incontestable, l'établissement pacifique et régulier de la liberté s'alliant à l'ordre et au travail.

PIÈCES JUSTIFICATIVES.

N° 1.

Causes de liberté plaidées devant la Cour de cassation
par M° Gatine.
Résultats de l'arrêt Virginie.

GUADELOUPE.

	Familles.	Individus devenus libres.
VIRGINIE, — Contre — héritiers de Bellecourt.	1	2
CORALIE, — C. — d. Coquille Valoncourt et autres....................................	1	5
MERVAL-FANTAISIE, — C. — Picard..........	1	3
JULIEN, — C. — Roussel....................	1	8
JULIE, — C. — Veuve Lecomte...............	1	3

MARTINIQUE.

ÉLIA PLATA, — C. — Manceau..............	1	6
CATHERINE LÉONARD, — C. — Caseneuve....	1	13
HENRIETTE ET AUTRES, — C. — Ruiz Lavison.	1	6
NELSON, — C. — veuve O'Neill.............	1	3
MELCHIOR, — C. — Cazadavant et Gosset....	1	5
AGLAÉ NÉRIMAR, — C. — Chaigneau........	1	3
VOLNY BOSC, — C. — Baudin..............	1	1
LUCILE, — C. — Grilhault Des Fontaines....	1	1
CHERY, — C. — Assier de Ponpignan.......	1	3
LÉONCE, — C. — Évélina Offlin...........	1	3
ÉLISE AISSEL, — C. — veuve Lallemand Lévignan.............................	1	4
NELSON FILS, — C. — Fournier............	1	2
	17	66

	Familles.	Individus devenus libres.
D'autre part........	17	60
Arthur Monlac, — O. — Rossignol........	1	5
D° Jean Charles, — C. — Morestin........	1	1
D¹¹° Lamorandière, — C. — Lamorandière, son frère....................	1	6
Édouard, — C. — Urbain...............	1	3
Joseph Jean, — C. — veuve Lambert......	1	1
Oken, — C. — Élord Saint-Jean...........	1	6
Charbonnier, — C. — Lamberton..........	1	2
Gustave, — C. — d¹¹° Titi Saint-Prix......	1	1
Jean Denise, — C. — Olivier Lesueur.......	1	4
Jean Philippe, — C. — Lepelletier Duclary..	1	1
Ulric Régis, — C. — d¹¹° Sinson Sainte-Rose.	1	5
Placide Benoît, — C. — Littée............	1	2
Marie Sainte-Platon, — C. — Héritiers Gallet et autres,.....................	1	14
GUYANE.		
Marie Minette, — C. — Cosnard..........	1	1
SÉNÉGAL.		
Fatema, — C. — de Guillemin............	1	1
Samba-Ker et autres (Laptots du Sénégal)..	4	4
	36	122

Outre ces causes introduites, sauf les trois dernières, en Cour de cassation, par l'avocat de Virginie, et qui ont eu pour résultat la libération de 36 familles et de 122 individus, les procureurs généraux des colonies ont eux-mêmes agi d'office dans beaucoup d'affaires semblables, en se conformant aux instructions ministérielles déterminées par les arrêts réitérés de la Cour de cassation.

Chaque jour voyait s'augmenter le nombre *des libertés de l'article* 47 résultant de jugements dont on n'appelait plus, ou d'affranchissements allant au-devant de l'action en justice, ou de rachats facilités par le triomphe de la sainte cause. Ce nombre était d'environ 1200 libérations, lors de l'émancipation générale.

Les libertés *des noirs de traite*, introduits frauduleusement depuis l'époque où l'abolition de l'infâme trafic a été stipulée par le droit public européen et sanctionnée par nos lois nationales, ces libertés allaient à leur tour amener de nombreuses délivrances.

La question des *Laptots* du Sénégal qui devait briser les fers de 3,000 captifs, et celle des *engagés*, suffisaient presque à l'émancipation entière des noirs de cette colonie.

On écrivait des Antilles : «*Tout ce que nous obtenons aujourd'hui est dû à l'arrêt Virginie.*» Et en effet l'impulsion puissante de la cour suprême a entraîné le gouvernement et les chambres législatives dans le mouvement abolitioniste que rien ne pouvait plus arrêter.

Causes diverses d'intérêt politique aux Colonies plaidées par M⁰ Gatine.

Louisy Adzée, Léo et Michel. — Affaire dite des *Patronés.* Pouvait-on leur appliquer les peines réservées aux esclaves, notemment celle du fouet? — Arrêt de cassation.

Hermé-Duquesne. — Débats au sujet de son renvoi en France pour avoir dîné avec les hommes de couleur. — Conseil d'État.

Bissette et Fabien. — Demande de mise en jugement contre l'amiral Dupotet, au sujet d'un arrêté obligeant les affranchis anciens ou nouveaux à justifier de leurs titres de liberté. — Conseil d'Etat.

Césaire. — Pourvoi en cassation contre une condamnation pour faits se rattachant à ceux de la Grande-Anse. — Cour de cassation.

Condamnés de la Grande-Anse, au nombre de 93 parmi lesquels 15 condamnés à mort, — Affaire dite de *l'insurrection de la Grande-Anse.* — Cour de cassation et Conseil d'État.

Valery - Agathe. — Déportation administrative. — Conseil d'État.

Suonin. — Délégation de contributions à un enfant naturel par sa mère, pour en faire un électeur. — Cour de cassation.

Oculy. — Recel d'esclaves. — Cour de cassation.

Noelise. — Rixe entre une mulâtresse et un blanc; condamnation de la mulâtresse à cinq années de prison. — Cour de cassation.

FÉLICIDÉ. — Liberté fidéicommissaire. — Cour de cassation.

AUGUSTE JOSEPH. — Déportation administrative.

SAINTE-ROSE. — Complicité d'évasion d'esclaves en leur prêtant un canot. — Cour de cassation.

MONTOUT-MÉLANIE. — Récidive de l'affranchi après une première condamnation en état d'esclavage. — Cour de cassation.

VOLNY. — Même question. — Cour de cassation.

ZOÉL AGNÈS, DOYON et SANZ. — Affaire dite *des millioiens de la Pointe-à-Pître.* — Conseil d'État.

BISSETTE. — Contre Granier de Cassagnac ; diffamation. — Cour de cassation.

HUSSON, QUIQUERON, CLAVIER et autres. — Affaire des élections municipales de Fort-de-France. — Conseil d'État.

ALFRED AGNÈS. — Contre la douane et le ministère public. — Saisies d'écrits abolitionistes et d'une lettre encyclique du pape contre la traite et l'esclavage. — Cour de cassation.

N° 2.

Réception du Commissaire-général à la Basse-Terre.

(Extrait de l'*Avenir* du 7 juin.)

« Hier mardi, à midi, le *Chaptal*, brillamment pavoisé, a paru devant la Basse-Terre. Aussitôt la population tout entière s'est précipitée vers le bord de la mer. La joie brillait sur tous les visages ; tous les regards étaient fixés vers le bâtiment qui apportait enfin à la colonie les nouvelles de France et les autorités nommées par la République pour administrer le pays et y répandre les idées démocratiques dont la France vient de relever si glorieusement le drapeau.

« En effet MM. Gatine, avocat aux conseils, commissaire-général de la République, et Boitel, directeur de l'intérieur, ne tardèrent pas à descendre à terre, salués par l'artillerie du *Chaptal*, à laquelle répondirent tous les bâtiments de la rade et les batteries de terre.

« A peine eurent-ils touché le sol qu'un immense enthousiasme se manifesta. Les cris mille fois répétés de : *Vive la République! vive la Liberté! vive Gatine!* éclatèrent avec une force et une énergie impossibles à décrire. Le commissaire général, abrité sous les plis du drapeau tricolore, escorté par le corps municipal, qui l'avait reçu au débarcadère, par les troupes de ligne, la gendarmerie, la milice, et par les flots pressés d'une population ivre de joie et d'espérance, se dirigea aussitôt vers l'hôtel du gouvernement, où l'attendaient le gouverneur, les membres de la Cour d'appel et les divers corps constitués,

« Après avoir, en termes chaleureusement sentis et exprimés, remercié tous les assistants des témoignages de sympathie qui lui étaient donnés, ainsi que du bon esprit que la population de cette colonie, qu'il a qualifiée de *progressive*, avait montré dans les graves circonstances où elle s'était trouvée ; après avoir dit que l'avenir et la prospérité du pays étaient attachés à deux choses, l'ordre et le travail, le commissaire-général se rendit sur le champ d'Arbaud, où il passa la revue des troupes, et renouvela en plein air, sous les rayons d'un soleil brûlant, magnifique témoin de cette imposante cérémonie, l'assurance de son dévouement aux intérêts du pays dont la République lui avait confié l'administration.

« Le cortége s'achemina ensuite dans le même ordre vers le palais de justice pour faire enregistrer immédiatement par la Cour d'appel les décrets du gouvernement provisoire dont nous donnons ci-après l'analyse.

« Cette formalité se prolongea jusqu'à près de cinq heures, après quoi le commissaire général rentra à l'hôtel du gouvernement, où il reçut la visite officielle des corps d'officiers des troupes de terre et de mer.

« Le soir, l'allégresse ne s'était point encore refroidie, et la ville conservait un air de fête.

Réception du commissaire général à la Pointe-à-Pitre.

(Extrait du *Commercial* du 10 juin.)

« Nous avons salué la France dans la personne du digne commissaire général qu'elle nous envoyait. Attendu avec une pénible impatience, il a été accueilli avec une immense joie par la population entière. Ancre de salut au milieu des difficultés, des dangers presque d'une situation dégénérée en anarchie, il est arrivé à temps pour retenir le pays sur la pente de quelque funeste catastrophe.

« Haletant et profondément ému des transports unanimes qui acclamaient sa présence, M. Gatine a dû éprouver ce bonheur intime et ineffable que ressent tout bon citoyen, tout homme de cœur et d'intelligence, chargé d'une haute mission et possédant la confiance de tous.

« Échappé aux étreintes frénétiques d'allégresse d'un peuple simple, mais ardent dans ses démonstrations, il a traversé la ville emportant dans sa marche les regards avides, les vœux sincères et les espérances réchauffées de toute la population entassée dans les rues, aux fenêtres et jusque sur les arbres de nos quais.

« Mais le tableau matériel de cet heureux événement s'efface et disparaît de notre esprit pour n'y laisser que de graves réflexions et des pensées pleines de préoccupations pour l'avenir.

« Le commissaire se présentait à nous comme la personnification des espérances qu'il est encore permis d'entretenir sur les destinées coloniales. Aussi, arrivé à l'hôtel du gouvernement et après avoir écouté les chaleureuses félicitations de notre maire, il lui a répondu au nom de la nation puissante et généreuse qui l'envoyait pour entreprendre en même temps la régénération des nouveaux citoyens qu'elle faisait entrer dans son sein et la consolidation des droits acquis et légitimes par l'ordre et le travail.

« Nous avons entendu à la fois avec tristesse et consolation l'expression de ses amers regrets sur les crimes perpétrés à la Martinique et de sa joie d'avoir à administrer une population vierge de pareilles souillures.

« Sa parole vibrante de sincérité et d'énergie retentit parmi nous comme un écho de cette grande voix républicaine qui remue, rassure et persuade la France, en secouant aussi la léthargie des peuples. Nous avions besoin d'entendre des accents purs et fermes, des sentiments vrais et profonds ; nous avions besoin de voir passer devant nos yeux un front sur lequel avait rayonné l'éclat de la grande liberté française.

« Dégagé de cette banale ambition d'autorité qui tourmente les esprits vulgaires, M. Gatine a abandonné une large position de fortune et un noble théâtre digne de ses talents pour venir se dévouer à la tâche aride et épineuse de notre transformation sociale. Déjà, par là, il a conquis notre reconnaissance, en attendant qu'il réalise quelques-unes des fécondes promesses que la République l'a chargé de nous porter.

« Tout dans le commissaire général nous inspire une naturelle sympathie et une confiance réfléchie. En lui point de cette attitude hautaine et repoussante, de ce ton jaune et bilieux du rogue doctrinaire, point de ces airs mystérieux d'une creuse importance; il est ouvert, gracieux et franc comme la liberté même. On sent que, sans effort, il est imbu de cet esprit d'égalité qui était si bien dans les manières distinguées du peuple de Paris avant de passer dans les institutions politiques. Nous voudrions que toutes les imaginations alarmées des souvenirs et hantées des fantômes d'un passé fini puissent le voir et l'entendre pour se guérir à tout jamais de la peur des républicains et de la République.

« Si nos premiers rapports avec M. le commissaire général ont produit sur nous une impression aussi favorable, qu'on juge combien nous désirons de la voir se prolonger durant toute la durée de son difficile gouvernement. Pourtant, tout en saluant ainsi son avénement, nous prenons envers le pays l'engagement solennel de ne jamais taire la vérité chaque fois que l'intérêt public exigera qu'on la dise à M. le commissaire général, en vertu de cette liberté de la presse dont il nous a apporté la consécration et sur laquelle il compte.

« La France et la loi, telle est sa devise; il nous l'a formellement déclaré. Déjà c'était la nôtre.

« LE VILLOUX. »

ADRESSES AU COMMISSAIRE GÉNÉRAL.
(Extraits du *Commercial* du 10 juin.)

Adresses de la Basse-Terre et de la Pointe-à-Pître.

« Citoyen commissaire général,

« Une ère nouvelle s'ouvre pour le pays. En proclamant la République, la France a inauguré pour tous le règne de la liberté et de l'égalité.

« Le vieux système colonial frappé dans sa base s'écroule et entraîne dans sa chute tous les abus, monstrueux assemblage de trois siècles de préjugés sur les débris desquels s'édifie une société nouvelle appuyée sur l'émancipation morale et politique des intelligences.

« Si la qualité d'Africain et de descendant de race africaine n'est pas un titre au partage de l'administration des affaires du pays, elle ne sera pas non plus un motif d'exclusion.

« Le gouvernement républicain, dans les colonies, s'imposera pour but l'unité de la population par la fusion intime des classes; il l'atteindra par la pratique sincère du symbole qu'il a adopté : *Liberté, égalité, fraternité.*

« C'est à vous, citoyen commissaire, qu'est réservée la noble mission de résumer dans vos actes les conséquences de la grande Révolution de 48.

« Notre dévouement à la chose publique est consacré par l'histoire. Notre influence sur ces infortunés auxquels nous unit une commune origine a été plus d'une fois salutaire, et surtout durant cette espèce d'interrègne où le pouvoir du maître et l'autorité légale avaient disparu pour faire place à la seule puissance morale.

« Si l'ordre et la paix intérieure étaient troublés, si l'indépendance du sol était menacée, fidèles aux traditions de nos pères, nous serions prêts à répondre à l'appel de la patrie et à prouver encore que notre patriotisme n'a pas dégénéré.

« Vive la République!

« Pointe-à-Pitre et Basse-Terre, le 6 juin 1848. »

(*Suivent environ 500 signatures.*)

« Citoyen commissaire gouverneur,

« La population que nous représentons vient vous exprimer sa sympathie, et vous dire combien elle est reconnaissante envers le gouvernement de la République de vous avoir choisi pour gouverner notre belle colonie.

« Elle vous prie, citoyen commissaire gouverneur, de recevoir l'expression de ses sentiments de haute reconnaissance pour les grands sacrifices que vous vous êtes imposés en consentant à venir au milieu de nous, alors que votre talent aurait été une fleur qui aurait figuré avec succès à la chambre nationale, et qui aurait contribué à assurer le bonheur de la République française.

« Aussitôt que le vapeur le *Chaptal* a apparu, le cœur de notre population s'est épanoui de joie; une nouvelle ère s'est ouverte; spontanément les maisons se sont trouvées pavoisées, et tout semble nous promettre le bonheur.

« Pour nous, organes de la population régénérée, nous venons aujourd'hui déposer à vos pieds l'hommage de notre respect et de notre reconnaissance; pour nous, daignez être notre interprète près du gouvernement de la République; exprimez notre admiration pour la glorieuse révolution de Février, exprimez nos regrets pour les victimes qui ont péri en proclamant la liberté générale.

« Vive la République !

« Vive notre gouverneur !

« F. LAMBERT. »

Adresse du Port-Louis.

« Citoyen commissaire général,

« La commune du Port-Louis se réjouit de votre arrivée longtemps désirée, impatiemment attendue.

« Une des premières, elle éleva la voix en faveur de l'abolition de l'esclavage; depuis longtemps nous avions tous compris que cet état anormal, dont nous nous trouvons les tristes héritiers, devait avoir une terme; mais ne pouvant opérer la libération gratuite de nos esclaves, sans ruiner nos familles et nuire à nos créanciers, nous demandions une indemnité équitable qui pût amoindrir le préjudice réel que cette mesure devait nous occasionner.

« Dans ce but, le conseil colonial formula auprès du gouvernement déchu le vœu de la colonie tout entière, et nous eûmes la douleur de voir rejeter une démarche qui, à cette époque, nous eût placés vis-à-vis de nos esclaves dans une position très favorable.

« Nous étions encore sous l'impression de cet état de choses quand la République fut proclamée en France, et avec elle le grand principe de l'émancipation des esclaves.

« Aussitôt que cette nouvelle nous fut connue, le conseil municipal du Port-Louis s'empressa, par une adresse, de manifester sa franche adhésion et la pleine confiance qu'il avait dans la justice et la loyauté de la France républicaine pour accorder une juste indemnité.

« Tout en déplorant que le gouvernement provisoire n'ait pas définitivement tranché la question coloniale et complété la mesure, nous espérions, citoyen commissaire gouverneur, que votre arrivée prochaine aurait calmé les impatiences de la population, et que votre intelligence et votre fermeté, secondées de la puissance que vous avez reçue du gouvernement national, vous auraient permis d'amener sans ébranlement les travailleurs à la transformation prochaine !... Mais de longs et déplorables retards ayant augmenté les difficultés de cette situation provisoire, les choses sont arrivées au point que l'émancipation immédiate a dû être décrétée par le gouvernement local...

« Malheureusement, avec le désir et la volonté d'émanciper, l'administration locale était privée des ressources et du pouvoir qu'exigeait une nouvelle et puissante organisation !...

« Vous trouverez donc la Guadeloupe sans esclaves, mais vous n'y trouverez plus de travail !...

« Vous nous portez sans doute des plans d'organisation et des décrets pour maintenir l'ordre, établir le travail, réprimer le vagabondage, etc., etc.

« Vous aurez particulièrement compris qu'il est de la plus haute importance d'obtenir un dégrèvement sur le sucre et le café qui puisse permettre d'opérer avec quelque avantage la culture de nos uniques productions.

« Ainsi que nous, citoyen commissaire gouverneur, les populations ci-devant esclaves vous attendent comme leur Messie ; elles ont confiance dans le délégué du gouvernement républicain qui, dès sa naissance, décréta leur émancipation, et elles accepteront avec confiance et docilité l'organisation qui leur est réservée.

« Les membres qui composent la députation du Port-Louis vous prouvent qu'entrant franchement dans une voie nouvelle, nous avons scellé l'union fraternelle de nos populations diverses par la fusion de toutes les classes, et c'est au nom de cette unité, qui se confie à votre justice, que nous venons vous porter l'hommage de nos vœux et l'assurance de notre loyal concours.

« Port-Louis, le 6 juin 1848. »

(*Suivent les signatures.*)

————————

Adresse des affranchis de Marie-Galante présentée au commissaire général par une députation, à la Basse-Terre.

« Citoyen commissaire général,

« Quel beau jour luit à nos yeux ! quel insigne honneur pour nous, délégués de nos frères affranchis, de venir vous apporter le tribut de notre admiration, de nos hommages et de notre vive reconnaissance, à vous, digne représentant de cette grande nation, de ce peuple héroïque qui, en brisant un trône, en renversant un gouvernement parjure et corrompu, s'est souvenu, dans sa victoire, des malheureux parias des Antilles, et s'est empressé de proclamer leur émancipation !...

« Honneur aux illustres membres du gouvernement provisoire, honneur à vous, citoyen commissaire, honneur à ces magnanimes Parisiens qui ont versé leur sang pour le triomphe de la liberté, honneur à tous ces généreux citoyens qui ont consacré leurs plus belles années à la cause sacrée de l'humanité !...

« Nous rendons grâce à la divine Providence qui a couronné d'un si beau succès les glorieux travaux des apôtres de la liberté.

« Vous mettez le comble à votre sublime dévouement, citoyen commissaire, en traversant les mers pour venir, au milieu de nous, proclamer ces principes immortels de la grande révolution : Liberté, égalité, fraternité, et donner l'impulsion à la régénération de notre société coloniale, quand la mère-patrie réclame encore vos services.

« Sous l'ère nouvelle qui doit opérer la transformation sociale de ces îles, nous espérons avec confiance de voir disparaître à jamais tous les abus de pouvoir, l'aveugle coterie coloniale et toutes les influences anti-libérales.

« Une vaste carrière s'ouvrira pour toutes les intelligences ; l'épiderme de l'homme ne sera plus un signe d'exclusion ni de faveur dans les charges publiques. L'éducation, chez nous si restreinte, sera par vos soins propagée, et de ces milliers d'esclaves vous ferez des citoyens français dignes des bienfaits de la mère-patrie, et prêts à verser leur sang pour la gloire de la République.

« A l'ombre de ses libertés, la France, par des lois sages et protectrices, fera sortir de l'état de langueur où ils végètent le commerce et l'agriculture, assurera à tous ses enfants le travail et la prospérité, et, dans ses transports de reconnaissance, la postérité la plus reculée bénira le glorieux nom français!

« Votre mémoire, citoyen commissaire, vivra à jamais parmi nous.

« Salut et fraternité. — Vive la République!

« Grand-Bourg (Marie-Galante), le 5 juin 1848. »

(Suivent les signatures.)

Réception du commissaire général aux Vieux-Habitants et à Marie-Galante.

(Extrait de l'*Avenir* du 10 juin.)

« Nous avons reçu des détails circonstanciés sur la visite de M. Gatine aux Vieux-Habitants et à Marie-Galante.

« L'accueil fait à notre commissaire général, nous écrit-on, a été des plus chaleureux. On l'a d'abord conduit à une salle de verdure improvisée au milieu d'une savane où un splendide repas était préparé. Le premier toast a été porté par M. Boitel, *au travail,* puis, dans l'ordre suivant, par M. Lemonnier, à la belle devise de la République : *Liberté, Égalité, Fraternité;* par M. Valéry Eggimann, *au commissaire général;* par M. Léonard Senecal, *aux travaux de l'agriculture;* par M. Gérard, chef de bureau à la direction de l'intérieur, *à la République;* enfin, par M. Gaumont, secrétaire du gouvernement, *à V. Schœlcher!*

« Après le repas, où n'a cessé de régner la plus franche cordialité, le cortège s'est mis en marche pour l'église, où il a reçu la bénédiction de M. le préfet apostolique. De là, nous sommes retournés sur la place en face du salon de verdure, pour planter l'arbre de la liberté. Là le préfet apostolique a fait un très bon discours, reposant sur cette idée : que la *religion est in-*

dispensable à la liberté, et la liberté indispensable à la religion.

« M. Vernier, maire, est monté à son tour sur l'estrade, et a dit que comme premier magistrat de la commune, en face de cet arbre de la liberté et de la croix du Sauveur du monde, il voulait donner aux nouveaux affranchis une explication nette et franche de leurs devoirs envers la République, et leur faire comprendre autant que possible les mots *Liberté*, *Égalité*, *Fraternité*. Je regrette de ne pouvoir vous envoyer ce discours qui a été plein de cœur et très logique, et qui a été cependant interrompu par un fâcheux incident. Au milieu de l'explication que M. Vernier donnait de l'égalité, deux voix firent entendre les cris : *A bas le maire!* Tout le monde était indigné, et les cris de: *Vive le maire!* répondirent aux interrupteurs. M. Boitel était plus indigné que personne; aussi, montant sur l'estrade : « Citoyens, dit-il, je vous ai promis la lecture des décrets, mais avant laissez-moi exprimer toute mon indignation pour les cris insensés qui viennent d'être proférés; vous en ferez justice vous-mêmes, citoyens, et vous chasserez de vos rangs ces indignes perturbateurs. » Ces paroles furent accueillies avec enthousiasme, et les cris de : *Vive le maire!* se firent entendre de nouveau. Enfin, la cérémonie fut terminée par un discours de M. Gatine, qui provoqua les cris mille fois répétés de : *Vive la République! vive le citoyen commissaire général!*

« Le 18 juin, à sept heures du matin, le commissaire général s'est embarqué pour Marie-Galante. Il y a été reçu à peu près comme à la Pointe-à-Pitre : mêmes cris, même enthousiasme. Du haut du balcon de la maison du commandant militaire, M. Gatine a fait un discours à la population rassemblée sous ses fenêtres; puis, il a été conduit à la mairie, où plusieurs adresses et pétitions lui ont été présentées. J'ai remarqué surtout celle des nouveaux affranchis; j'y ai trouvé une si heureuse expression de bons sentiments, que je ne puis résister au désir de vous la communiquer. La voici : elle a été lue par le citoyen Myrtil Bellebranche :

Adresse des affranchis de Marie-Galante au commissaire général de la République à la Guadeloupe et dépendances.

« Citoyen commissaire général,

« Chargé par mes frères de vous présenter notre tribut d'admiration et de reconnaissance, combien je suis heureux de vous faire connaître toute la joie que nous éprouvons de votre arrivée ; car vous nous avez apporté la réforme sociale de la colonie : la liberté et l'égalité pour tous, et l'organisation du travail si nécessaire à la prospérité du pays.

« Depuis longtemps déjà votre nom nous était connu, et ce n'était pas sans respect que nous le prononcions ; les mères esclaves se rappelaient que vous étiez leur plus chaleureux défenseur, que votre plus grand plaisir était de faire rendre justice à l'opprimé. Honneur à vous, citoyen commissaire !

« Maintenant que l'esclavage n'existe plus, maintenant que la liberté a étendu ses ailes sur la terre des colonies, *nous vous promettons, citoyen commissaire, que le travail se continuera comme par le passé ; que l'ordre ne cessera jamais de régner* et *que nous n'oublierons pas la devise républicaine : Liberté, Égalité, Fraternité. Fidèles au vœu du gouvernement, nous oublierons le passé, et l'amitié remplacera dans nos cœurs la haine, cette basse passion qui dégrade l'homme.*

« Permettez, citoyen commissaire, que nous vous témoignions toute notre joie de ce que la France vous a choisi pour gouverner ses enfants d'outre-mer. La mère-patrie ne pouvait avoir une meilleure pensée ; après avoir défendu les esclaves des colonies, il vous appartient d'être le père de ces nouveaux citoyens sortis du sein de l'esclavage.

« Salut et fraternité, citoyen commissaire. Vive la République!

« Pour la population affranchie,

(*Suivent les signatures.*)

« Les citoyens de la classe blanche ont témoigné aussi les meilleurs sentiments, et M. Gatine a été enchanté d'eux tous. Il a passé en revue les troupes, a visité les casernes, l'église et la prison ; c'est une des belles journées de notre commissaire général. Nous étions de retour à la Basse-Terre à 10 heures.

« Nous devions aller à Saint-Martin, mais nous avons dû renoncer à ce voyage, la machine du *Chaptal* ayant besoin de repos et de réparations. »

N° 5.

Maires et adjoints nommés par le commissaire général.

Arrêté du 20 juin.

Désirade. — Maire, M. GENTY-PIC ; adjoint, M. Georges, en remplacement de MM. Gabriel Pain et Louis Rullier.

(Ultérieurement M. THIONVILLE père a été nommé maire en remplacement de M. Genty-Pic.)

Saint-Martin. — Premier adjoint, M. HODGE (Joseph) ; deuxième adjoint, M. Maurat, en remplacement de MM. Questel et Rey.

Arrêté du 29 juin.

Petit-Bourg. — Maire, M. COLLIN-RICHARDIÈRE, en remplacement de M. de Bouillé, démissionnaire.

Petit-Canal. — Maire, M. GODET-DESMARAIS, en remplacement de M. Chérot, démissionnaire.

Vieux-Fort. — Maire, M. DÉSINÉ, en remplacement de M. Mercier, démissionnaire.

Deshayes. — Maire, M. BELLEVUE, en remplacement de M. Lebourg-Lacoudray, démissionnaire.

Goyave. — Adjoint, M. MARCELLIN, en remplacement de M. Remollon, démissionnaire.

Arrêté du 2 juillet.

Saint-François. — Adjoint, M. MARGAILLAN.

Arrêté du 10 juillet.

Basse-Terre (ville). — Troisième et quatrième adjoints, M. Luc ROUSSEAU et M. OVIDE TOUBLAN.

Basse-Terre (extra-muros). — Adjoint, M. FRÉDÉRIC ETIENNE, en remplacement de M. Ithier Lavergneau.

Gourbeyre. — Adjoint, M. LAGRENADE, en remplacement de M. Michaux.

Baillif. — Adjoint, M. SAINT-VAL DUFLO, en remplacement de M. Soret.

Vieux-Fort. — Maire, M. BLANDIN, en remplacement de M. Désiré, démissionnaire.

Trois-Rivières. — Maire, M. PRADES (Pierre), et adjoint, M. FLORESTAL (Sainte-Luce), en remplacement de MM. Pinau et Rommieu.

Capesterre. — Deuxième et troisième adjoints, MM. MOUTON et MIOLLARD.

Goyave. — Maire, M. REMOLLON, en remplacement de M. Jammes. — (Ce dernier a été rétabli ultérieurement par suite du refus de M. Remollon.)

Pointe-Noire. — Maire, M. DESPLAN-ALTAMON, en remplacement de M. Quin, et adjoint, M. MIGNERET.

Vieux-Habitants. — Adjoint, M. TACOU, en remplacement de M. Ausset.

Saintes. — Maire, M. DESNOYERS, et adjoint, M. THOMAS.

Pointe-à-Pître. — Troisième adjoint, M. BELLEROCHE; quatrième adjoint, M. DARASSE; cinquième adjoint, M. ZOEL AGNÈS père; sixième adjoint, M. DUGARD-DUCHARMOY.

Petit-Bourg. — Adjoint, M. CADOU (Pierre).

Baie-Mahault. — Deuxième adjoint, M. PAUL JULES.

Sainte-Rose. — Adjoint, M. FART (Edmond), en remplacement de M. Poirié Saint-Aurèle.

Abymes. — Maire, M. VERNIAS, et adjoint, M. ZÉNON, en remplacement de M. David et Chauvel.

Gosier. — Maire, M. KAYSER, en remplacement de M. Delabarrière, et adjoint, M. BERTHELOT (Victor).

Sainte-Anne. — Premier adjoint, M. CORNEILLE (Côme); deuxième adjoint, M. BEAUBRUN aîné.

Moule. — Troisième adjoint, M. EUSKUE; quatrième adjoint, M. SERVIENT.

Anse-Bertrand. — Maire, M. RUILLIER (Louis-René), en remplacement de M. Béblau. — (Ce dernier a été rétabli ultérieurement par suite de démission de M. Ruillier.)

Port-Louis. — M. SAINTE-MARIE ANTONIN, en remplacement de M. Cordier.

Petit-Canal. — Deuxième adjoint, M. MORTIMER LAFONTAINE.

Morne à l'eau. — Adjoint, M. SAINT-CYR-AUGUSTE, en remplacement de M. Salettes.

Grand-Bourg (Marie-Galante). — Maire, M. GAUZY, remplacé ensuite par M. CASSE; deuxième adjoint, M. ALONZO, en remplacement de MM. Demay de Goustine et Roussel Bonneterre; deuxième adjoint, M. SÉBASTIEN (William).

Vieux-Fort-Saint-Louis (Marie-Galante). — Maire, M. RAY-
NIER (Pascal), et adjoint, M. SÉBASTIEN (Edmond), en remplacement de M. Beaucage et Vergé.—MM. Beaucage est resté en
fonctions par suite de non-acceptation de M. Raynier.)

N° 4.

Appréciations.

Basse-Terre.

« Les jurys cantonaux protégés et encouragés par vous,
citoyen commissaire général, dont les efforts constants tendent
à améliorer la position de la colonie, prospéreront sous votre administration sage et éclairée. Les résultats qu'on en obtiendra
feront taire les calomnies par lesquelles des hommes malinten-
tionnés, à coup sûr ennemis de leur pays, égarent l'opinion publique en France. »

(Rapport de M. Belletête, juge de paix, publié par la *Gazette
Officielle*.)

« Pointe-à-Pitre.

« Le rappel des deux commissaires généraux est un acte de
défiance contre la population africaine des colonies; c'est par
notre attitude calme et digne que nous devons prouver à la
France que toutes les lettres parties d'ici et qui ont trouvé place
dans la *Presse*, le *Courrier du Havre*, etc., ne sont que d'infâ-
mes calomnies. En dépit de ces attaques injustes, nous conti-
nuerons à vouloir l'*égalité pour tous*, et non point, comme on
nous l'a reproché à tort, la domination sur aucune autre classe.
Nous ne nous considérons pas comme des vainqueurs qui doivent partager les dépouilles des vaincus.

« Puisque le retard que vous avez mis à quitter les Antilles
me permet de jouir de ce bonheur, laissez que je vous dise que
l'on ne pouvait mieux administrer la Guadeloupe que vous ne
l'avez fait dans ces temps difficiles. Votre grande intelligence et
le profond amour que vous portez aux infortunés vous avaient
fait comprendre que les mesures de rigueur ne devaient être
employées que quand l'urgence aurait été suffisamment démon-

trée. VOUS LAISSEZ NOTRE PAYS DANS LE CALME LE PLUS PARFAIT, LE TRAVAIL RÉTABLI PARTOUT. *Ces résultats heureux ont été obtenus par vous, sans que l'ordre ait été troublé, et sans que vous ayez été contraint de faire aucune effusion de sang. Une administration comme la voulaient les retrogrades aurait bouleversé la colonie, sans résultats pour personne, encore moins pour eux.*

« Que ce témoignage puisse vous consoler de toutes les injures qui vous ont été prodiguées par nos ennemis communs ; la conscience est d'ailleurs la meilleure récompense de l'homme juste, et la vôtre doit vous rendre un flatteur témoignage. »

———

« Pointe-à-Pitre.

« Tout le monde, aujourd'hui, commence à voir ce qu'on a perdu ; on vous regrette déjà, et avec raison... On serait bien aise de vous voir encore à la tête de la colonie ; on ne sait ce que l'on veut, on paie un peu cher des *démarches inconsidérées, des attaques irréfléchies.*

« Quoique je sache quelle puissante assistance vous allez prêter en France à nos amis qui sont encore sur la brèche, je crois qu'on eût dû, pour le bien de la cause, laisser à un de ceux qui ont le plus contribué à l'abolition le temps d'achever dans la colonie l'œuvre qu'il avait courageusement entreprise. Dans un pays comme le nôtre, où les passions sont si vives, on vous avait laissé pour conseillers les gens du vieux régime. On aurait dû comprendre qu'il vous fallait tout étudier, tout voir par vous-même, car les hommes de l'esclavage ne pouvaient pas être franchement les hommes de la liberté !

« *Vous partez tous deux, en laissant la Guadeloupe et la Martinique dans une parfaite tranquillité. Vous avez rétabli le travail, la confiance.* D'autres recueilleront ce que vous avez semé.

« *Sic vos, non vobis, mellificatis, apes.*

« Tout le monde a été d'accord ici sur les énormes sacrifices que vous avez faits pour la cause ; tout le monde rend justice à votre dévouement... Vous me permettrez quelquefois de vous écrire ; ce ne sera plus, Dieu merci, à l'abolitioniste, mais à l'homme dévoué, tête et cœur, *à la cause bien comprise des colonies.* »

———

« Pointe-à-Pitre.

« Permettez à un mulâtre dont le nom vous est inconnu de venir vous exprimer la vive peine que tous les sincères amis de la démocratie ont éprouvée en apprenant la nouvelle de votre remplacement.

« Bien que nous puissions vous reprocher une appréciation trop sévère, et par conséquent injuste de notre conduite, nous n'oublierons jamais que pendant vingt ans votre voix s'est bien souvent élevée en faveur de nos frères esclaves, et que non seulement vous les avez défendus sous le gouvernement déchu, mais que, sous celui glorieux de la République, vous avez été encore un des nobles instruments de leur délivrance.

Partez, monsieur, en emportant la certitude qu'à la Guadeloupe il y a des cœurs qui comprennent la difficulté de l'œuvre à laquelle vous vous étiez voué dans ce pays, et qui vous tiennent compte des obstacles qui ont entravé votre marche, *obstacles que vous n'auriez pas rencontrés, si votre caractère d'abolitioniste n'avait été bien connu.* En France, où vous vous rendez, il sera encore question de notre sort, et nous espérons que l'avocat voudra bien plaider devant le tribunal de l'opinion publique la cause des hommes qui ont besoin toujours de la protection de ceux qui leur ont donné le plus inestimable de tous les biens, la liberté [1]. »

———————

« Saint-Pierre, Martinique.

« . . . . Le tourbillon des affaires et des événements politiques nous a empêchés de correspondre. J'ai su toutes les difficultés de votre administration, mais vous en triompherez, et l'opinion s'éclairera plus tard. Le défaut de numéraire est le plus grand malheur de la situation. . . . . »

———————

« Fort-de-France.

« Votre séjour aux colonies aura été bien utile à la cause que nous défendons ; votre autorité sera bien plus grande quand vous direz que nos populations sont bonnes, qu'elles veulent travailler, et n'ont pas du tout l'envie de retourner à l'état

———

(1) Ce dernier vœu a été l'un des plus puissants motifs qui nous ont mis la plume à la main.

sauvage. Mon Dieu, qu'on leur assure une rémunération équitable, et on les verra au travail avec une grande ardeur.

« Je vous quitte, car je n'ai pas de dimanches ; chaque jour apporte son travail, sa peine, ce que vous appeliez avec tant de poésie son salaire. Quel salaire, bon Dieu ! que le nôtre ! »

« Bordeaux.

« C'était un grand acte de dévouement de votre part que d'abandonner vos affaires dans un moment critique, pour aller affronter les difficultés et les dangers d'une mission aussi délicate. Il ne fallait rien moins que votre amour pour la cause à laquelle vous vous étiez voué depuis longtemps, et toute votre prudence, pour oser l'entreprendre et pour la mener à bonne fin. Vous avez réussi autant qu'on était en droit de l'espérer d'un mandataire aussi bien choisi ; et de plus, témoin oculaire et éclairé des souffrances de nos pauvres colonies, vous avez pu sonder la plaie qui les dévore et menace leur existence. Vous avez indiqué le remède dans un rapport que j'ai lu dans les journaux[1]. Puisse votre voix avoir tout le crédit qu'elle mérite auprès des hommes qui président aux destinées de la France ! A la prospérité des colonies se rattache non-seulement celle déjà si importante de nos ports de mer, mais aussi celle d'une foule d'industries qui trouvent là leur principal débouché, sans espoir de le rencontrer ailleurs. »

Beaucoup d'autres documents semblables pourraient encore trouver place ici, mais ce serait d'inutiles répétitions.

(1) Voir un fragment de ce rapport, page 53.

TABLE DES MATIÈRES.

Pages

PIÈCES JUSTIFICATIVES.

www.ingramcontent.com/pod-product-compliance
Lightning Source LLC
Chambersburg PA
CBHW051738090426
42738CB00010B/2315